Inhaltsverzeichnis

Für wen ist dieses Buch geeignet?

Ob du auf einem Gymnasium, einer Real-, Haupt-, Gesamt- oder Gemeinschaftsschule bist, ob du zu den Klassenbesten gehörst, darum kämpfst, das nächste Schuljahr zu erreichen, oder irgendwo dazwischen herumdümpelst: Solange du ein Schüler einer weiterführenden Schule bist, ist dieses Buch perfekt für dich geeignet.

Ich werde dir dabei helfen, deine Noten drastisch zu verbessern – und dabei auch noch mehr Freizeit zu gewinnen. Und wenn deine Eltern dich dann wieder einmal nerven, dass du weniger zocken sollst oder dass du ja nicht jedes Wochenende feiern gehen musst, weil sich das alles auf deine schulischen Leistungen auswirkt, dann holst du einfach die letzte Mathearbeit heraus und klatscht ihnen die Eins auf den Tisch. Thema erledigt.

Das Beste an der Sache ist, dass du für diese Genugtuung nicht einmal besonders hart arbeiten musst. Wenn du die Tipps aus diesem Buch befolgst, kannst du schon bald zu den Besten deines Jahrgangs gehören.

„Jetzt übertreibt er aber!", werden sich viele von euch nun denken. „Ich bin schon froh, wenn ich das nächste Schuljahr bestehe! Einer der Besten des Jahrgangs zu sein ist für mich unmöglich." Doch das ist ein Irrglaube. Ein Einser-Zeugnis zu haben ist kein Hexenwerk. Die meisten gehen die Sache nur völlig falsch an.

Es gibt grundsätzlich vier verschiedene Typen von Schülern. Drei von ihnen haben entweder zu schlechte Noten oder nur noch sehr wenig Freizeit. Diese drei Typen machen den Großteil aller Schüler aus – und da du gerade dieses Buch liest, gehörst auch du wahrscheinlich dazu.

Schau doch mal, ob du dich in den Beschreibungen auf den folgenden Seiten wiedererkennst…

Typ 1: Der Faule

Er macht – wenn überhaupt – nur das absolut Nötigste und hält sich gerade so über Wasser. Hausaufgaben sieht er eher als freiwillige Empfehlung der Lehrer an, und man muss ja auch nicht für jeden Test lernen. „Hauptsache bestehen" ist sein Motto.

Dennoch hat der Faule häufig ein schlechtes Gewissen, zumindest unterbewusst. Deshalb kann er seiner Playstation auch nicht die hundertprozentige Aufmerksamkeit geben, die sie eigentlich verdient. Er steht immer im inneren Konflikt mit sich selbst, ob er die anstehende Aufgabe jetzt noch machen soll oder nicht. Denn wenn er die Aufgabe macht, wird sie vom Lehrer nicht einmal kontrolliert. Macht er sie aber nicht, wird sie sogar eingesammelt und bewertet.

In der Regel kann sich der Faule am Ende doch nicht aufraffen und geht ohne die Aufgabe zur Schule. Dann heißt es zittern und bloß nicht auffallen. Und immer wenn der Faule denkt, er sei gerade so wieder durchgekommen, dann meldet sich Florian aus der ersten Reihe und macht den Lehrer darauf aufmerksam, dass er doch noch die Hausaufgaben kontrollieren müsse. Das macht Florian nahezu jede Stunde, und es bringt auch nichts, ihn in der Pause in den Mülleimer zu stecken – er wird sich nächste Stunde trotzdem wieder melden (das weiß ich aus eigener Erfahrung).

Für den Faulen ist jeder Tag eine Zitterpartie und ein innerer Kampf. Er macht zwar wenig für die Schule, aber viel echte Freizeit hat er auch nicht, weil sein Kopf ständig bei dem Schulkram ist. Woher ich das weiß? Ich war selbst einer von ihnen.

Typ 2: Der Eifrige

Dem Eifrigen sind gute Noten sehr wichtig. Er macht viel für die Schule und wird meistens mit mittelmäßigen bis guten Ergebnissen belohnt. Je mehr er lernt, desto besser werden seine Noten. So richtig glücklich macht ihn das allerdings nicht, denn dabei schrumpft im Gegenzug seine Freizeit. Zudem hat der Eifrige oft das Gefühl, dass der Großteil seiner Arbeit überhaupt nicht von den Lehrern anerkannt wird und er vieles vergeblich macht.

Der Eifrige will bei jeder Hausaufgabe und bei jedem Test 110 Prozent geben. Natürlich kann er diese Leistung nicht durchgehend abrufen. Deshalb hat er immer wieder „Down-Phasen", in denen er am Rande eines Nervenzusammenbruches steht. In diesen Zeiten leiden auch seine Noten, weshalb sein Zeugnis am Ende des Jahres trotz aller Mühe meist nur durchschnittlich ausfällt.

Der Eifrige ist extrem verkrampft, immer sehr aufgeregt vor Tests oder Arbeiten, und er hat das Gefühl, dass er trotz seines Fleißes immer vom Pech verfolgt wird. Auch diese Phase habe ich hinter mir.

Typ 3: Der Streber

Der Eifrige darf keinesfalls mit dem Streber verwechselt werden: Der Streber liebt die Schule. Stolz zeigt er den Eltern seine Einsen, und sein wichtigstes Ziel im Leben ist das Lob der Lehrer. Bei einer Zwei minus fängt er an zu weinen und wird von den Lehrern umgehend getröstet. Das einzige Fach, das er nicht so mag, ist Sport. Dort muss er häufig auf die Tränendrüse drücken, um schlechte Noten zu vermeiden.

Der Streber hat, wenn überhaupt, nur andere Streber als „Freunde", die ihm jedoch eher als Zweckgemeinschaft dienen.

Wenn du dich in dieser Beschreibung wiederfindest, dann hör jetzt bitte auf dieses Buch zu lesen. Ich meine es ernst: Pack das Buch sofort weg! Für euch Über-Lehrerwitze-Lacher und Pausen-in-der-Mediathek-Verbringer ist dieses Buch nicht geschrieben. [1]

Typ 4: Der Smarte

Der Smarte gehört zu den Besten des Jahrgangs und schreibt richtig gute Noten. Dabei hat er jedoch erstaunlich viel Freizeit und wirkt immer entspannt. Es scheint, als hätte er jede Hausaufgabe perfekt und ausführlich bearbeitet, auch wenn der Schein trügt, wie wir später noch sehen werden. Und er kann sogar mit weiterführendem Wissen punkten. Fast alle Lehrer mögen ihn, auch wenn er sich nicht bei ihnen einschleimt und sich so manchen frechen Spruch erlaubt.

Trotz der guten Noten steht die Schule für den Smarten nicht im Mittelpunkt seines Lebens: Man trifft ihn auf jeder Party, er ist aktiv in Vereinen und auf dem höchsten Level im Online-Spiel. Zusammengefasst: Er macht das, worauf er Lust hat, und die Schule hält ihn dabei nicht auf. Doch wie gelingt ihm das?

Ganz einfach: Er befolgt die Regeln, die in diesem Buch erklärt werden. Ich sage es noch einmal: Egal wer du bist, ob Junge oder Mädchen, ob Sitzenbleiber-Kandidat oder Leistungsträger, ob Gymnasiast oder Hauptschüler – wenn du die Regeln dieses Buches annimmst und umsetzt, kannst du zu den Besten deines Jahrgangs gehören! Lies dieses Buch und werde ein Smarter. Jeder kann zum Leistungsträger werden. Du erst Recht!

Ach so, und bevor ich es vergesse: Ich spreche in meinem Buch der Einfachheit halber immer von Schülern, Lehrern etc. Damit sind natürlich genauso Schülerinnen, Lehrerinnen und so weiter gemeint.

Meine Geschichte

Meine schulische Kariere begann mit leichter Verzögerung, da ich beim Aufnahmetest an der Grundschule zunächst durchgefallen bin. Ein Jahr später war es dann aber endlich soweit, und ich durfte in die erste Klasse. Meine Grundschule galt als wirklich anspruchsvoll, und zudem kam ich noch in eine sehr leistungsstarke Klasse. Dadurch wurde ich so ein bisschen mitgezogen und bekam auch recht gute Noten. Am Ende der sechsten Klasse reichte es für eine gymnasiale Empfehlung, und ich wurde sogar bei meinem „Erstwunsch"-Gymnasium angenommen.

Dort kam ich dann in die f-Klasse, und ich kann schon einmal so viel verraten: Das „f" stand nicht für fleißig. Es war die größte Chaoten-Klasse der Schule. Wir haben Lehrer ausgesperrt, einen frechen Spruch nach dem anderen gedrückt und im Unterricht fast ausschließlich Stadt-Land-Fluss gespielt; frei nach dem Motto: Lass die Lehrer mal quatschen. Wir gingen auf die ersten Feiern und sammelten die ersten Erfahrungen mit dem anderen Geschlecht. Unsere Grundeinstellung war von deutschen Gangster-Rappern geprägt. Und hast du Bushido und Co. schon jemals darüber rappen hören, dass du fleißig deine Hausaufgaben machen sollst?

Die ersten zwei Jahre auf dem Gymnasium waren ein Traum. In den Pausen analysierten wir die Mädchen im Sportunterricht (übrigens deutlich professioneller als jede Gedichtanalyse...), und abends gingen wir mit Bauchmuskelkater vom vielen Lachen ins Bett. Durch die gute Ausbildung in der Grundschule konnte ich in dieser Zeit noch einen recht respektablen Durchschnitt halten: 1,8 in der siebten und 2,0 in der achten Klasse.

In der neunten Klasse kam dann jedoch der Einbruch. Hausaufgaben machte ich da schon lange nicht mehr, für Tests überflog ich höchstens mal meine Mappe, und Unterrichtsmaterialien hob ich selbstverständlich auch nicht auf. Es war nur eine Frage der Zeit, bis sich diese Arbeitsweise (wenn man es das überhaupt als „arbeiten" bezeichnen konnte) auch auf meine Noten auswirkte. Bei meinen Freunden war es genauso. Mittlerweile hatten viele Lehrer auch schon einen richtigen Hass auf uns entwickelt, was ich ihnen rückblickend nicht verübeln kann, und freuten sich, wenn sie uns eine schlechte Note reindrücken konnten. Die Konsequenz war, dass sich meine Zeugnisse von Semester zu Semester verschlechterten. Mein Verhalten änderte sich jedoch nicht: Mit den Freunden war es auch einfach immer noch zu lustig in der Schule, und niemand schien sich Gedanken über Noten und Abschlüsse zu machen.

Zu Hause allerdings kam ich immer öfter ins Grübeln. Irgendwie schien das alles plötzlich gar nicht mehr so lustig zu sein. Langsam fing ich an zu überlegen, wie es weitergehen sollte und ob ich nicht vielleicht doch etwas ändern müsste. In der Freizeit bekam ich ein schlechtes Gewissen, weil mir schon klar war, dass ich eigentlich etwas für die Schule tun müsste. Immer wieder setzte ich mich an den Schreibtisch und nahm mir vor, etwas für die Schule zu tun. Aber ich wusste gar nicht, wo und wie ich anfangen sollte: Ich hatte ja zwei Jahre lang nahezu nichts vom Unterricht mitbekommen. Mal versuchte ich für einen Test zu lernen, verstand aber meist gar nicht, worum es ging. Oder ich fing halbherzig an, meine Hausaufgaben zu machen, beendete sie jedoch nie. Die Erfolgsquote dieser Bemühungen war natürlich gleich Null, also ließ ich es wieder bleiben. Aber mein schlechtes Gewissen meldete sich jetzt immer öfter.

So unangenehm diese Situation auch war – sie war noch nicht schlimm genug, um wirklich etwas zu ändern. Ich redete mir lieber ein, dass das nur eine vorübergehende Phase sei und dass nächstes Jahr alles besser werden würde. „Dieses Jahr können wir noch chillen, und nächstes Jahr legen wir richtig los!", hieß es auch bei meinen Freunden immer. Und ein Notendurchschnitt von 2,6 in Klasse 9 war ja auch noch nicht so schlecht, dachte ich mir. In der zehnten Klasse würde ich mich ganz bestimmt ändern, so richtig Gas geben und es den Lehrern zeigen!

Doch wie du dir sicherlich denken kannst, änderte sich rein gar nichts. Wie auch? Ich hatte null Ahnung und hätte dir in keinem Fach sagen können, was gerade Thema war oder was wir in den Jahren zuvor eigentlich gemacht hatten. Materialien hatte ich auch nicht, und natürlich hatte ich die sechs Wochen Sommerferien nicht dazu genutzt, sie mir zu beschaffen. Und die Lehrer waren auch nicht mehr gewillt, uns noch in irgendeiner Weise zu helfen. Vor allem in Fächern wie Mathe, die ständig auf dem Stoff der Vorjahre aufbauen, hatte ich nun komplett verloren. Meine 10. Klasse endete mit einem miserablen Realschulabschluss. Und endlich war meine Schmerzgrenze überschritten: Ich beschloss, wirklich etwas zu ändern. Denn so konnte es nicht weitergehen.

Zu meinem Glück wurden wir beim Wechsel in die Oberstufe in Kurse aufgeteilt, so dass ich aus meinem Klassenverband herausgerissen wurde. Nun saß also einer der Schlechtesten aus der größten Asi-Klasse mit den Jahrgangs-Mitschülern in einem Kurs. Ich fühlte mich wie ein Volltrottel. Aber der wollte ich nicht mehr sein: Ich lernte und lernte, machte alle Hausaufgaben und bemühte mich, den Anschluss zu finden. Gerade am Anfang habe ich mich total verausgabt, um so viel wie möglich nachzuholen. Ich wusste ja noch nicht einmal, was eine verdammte Funktion war, und die wollten irgendetwas mit Differentialgleichungen von mir…

Mein Fleiß wurde mehr oder weniger belohnt, und ich bekam im ersten Semester einen Durchschnitt von 2,3. Natürlich habe ich mich darüber gefreut. Allerdings hatte ich dafür fast meine komplette Freizeit geopfert: Ich war aus meinem Sportverein ausgetreten, ging kaum noch feiern und traf mich auch nicht mehr mit Freunden. Alles drehte sich nur noch um die Schule: Ich versuchte jede Hausaufgabe perfekt zu machen, für jeden Test alles zu lernen, und ich nutzte jede freie Minute, um irgendetwas aus den vorherigen Jahren nachzuholen oder mir Zusatzwissen anzueignen. Und dabei blieb mein Leben auf der Strecke. So wollte ich auch nicht weitermachen. Ich musste erneut etwas verändern.

Also fing ich an, mir Tricks von meinen Mitschülern abzugucken. Durch die neue Kursverteilung hatte ich neue Leute kennengelernt, von denen viele wirklich gut in der Schule waren – zumindest deutlich besser als ich. Einige von ihnen lernten einfach sehr viel, aber das wollte ich ja gerade nicht mehr. Bei anderen hingegen hatte ich das Gefühl, dass sie gar nicht so viel für die Schule machten: Sie trieben Sport, gingen am Wochenende feiern und gehörten trotzdem zu den Besten des Jahrgangs. Ich fing also an, mir deren Verhaltensweisen abzugucken. Wie sie lernten, wie sie ihre Hausaufgaben machten und wie sie sich im Unterricht verhielten. Und langsam begriff ich, wie Schule wirklich funktioniert. Dabei erschuf ich mir ein Repertoire an Tricks, mit denen ich immer besser wurde und gleichzeitig meine Freizeit genießen konnte. Nun war ich endlich ein Smarter. Am Ende der 12. Klasse hatte ich einen Notendurchschnitt von 1,3 und war entspannter denn je.

In diesem Buch habe ich meine gesammelten Erkenntnisse für dich zusammengefasst, damit du nicht erst alle Phasen selbst durchleben musst. Ärgere dich also nicht länger über schlechte Noten und zu wenig Freizeit, sondern werde mit ein paar einfachen Tricks zum Vorzeigeschüler und Freizeitgenießer. Dieses Buch zeigt dir, wie es geht.

Wie dieses Buch aufgebaut ist

Wie kannst du den Aufwand für die Schule reduzieren und gleichzeitig bessere Noten schreiben? Um diese Frage zu lösen, müssen wir vor allem eines klären: Wo kann man überhaupt sinnvoll kürzen? Sicherlich könntest du einfach gar keine Hausaufgaben machen und auch nicht für Tests lernen. Das spart zweifellos enorm viel Zeit. Allerdings wirst du es mit diesem Ansatz garantiert nicht unter die Jahrgangsbesten schaffen, sondern dir eher das nächste Zeugnis versauen.

Also muss ein anderer Ansatz her – und dafür ist es wichtig zu verstehen, wie Schule wirklich funktioniert. Ich verrate dir in diesem Buch, welche drei Aspekte deine schulischen Leistungen am meisten beeinflussen und wie du jeweils mit einem Minimum an Zeitaufwand ein Maximum an Nutzen für deine Noten erzielst.

Der **erste Teil** dieses Buches beschäftigt sich mit der Bearbeitung der Hausaufgaben. Sprich: Wie kannst du hier deinen Zeitaufwand reduzieren und trotzdem positiv auffallen?

Der **zweite Teil** dreht sich rund um das Thema Lernen. Was musst du überhaupt lernen und was nicht? Wie bereitest du dich am besten auf Klausuren vor? Welche Hilfsmittel eignen sich und welche eher nicht? Auch hier steht wieder der geringe Zeitaufwand bei besseren Ergebnissen im Vordergrund.

Im **dritten Teil** geht es um dein Verhalten in der Schule. Hier verrate ich dir, wie du eine Eins in der mündlichen Mitarbeit bekommst und wie du es schaffst, die Lehrer von dir zu überzeugen.

Wenn du die Tipps in diesem Buch befolgst (und die meisten sind wirklich nicht schwer umzusetzen!), wirst du schon bald deutlich bessere Noten bekommen und trotzdem mehr Freizeit haben. Also worauf wartest du noch? Lass uns starten!

Teil 1:
Hausaufgabenstress? Nein danke!

Hausaufgaben sind für viele das Schlimmste an der Schule: Sogar zu Hause soll man sich noch stundenlang mit dem Zeug beschäftigen, auf das man schon in der Schule keinen Bock hatte. Wenn wir ehrlich sind, machen die meisten Schüler ihre Hausaufgaben – wenn sie sie denn machen – doch überhaupt nur aus einem einzigen Grund: Sie haben Angst, sonst einen Eintrag oder eine schlechte Note zu kassieren.

Du wirst auch mit meiner Methode nicht ganz um Hausaufgaben herumkommen. Dennoch gibt es einen smarten Weg, den Zeitaufwand drastisch zu verkürzen, ohne Einträge für vergessene Hausaufgaben zu kassieren. Und zusätzlich wirst du deinen Lehrern noch wegen der besonders guten Bearbeitung der Hausaufgaben im Gedächtnis bleiben.

Du fragst dich, wie das gehen soll? In diesem Kapitel erfährst du es.

1.1 Voraussetzungen schaffen

Um Hausaufgaben überhaupt erfolgreich bearbeiten zu können, musst du dir einige Grundvoraussetzungen schaffen – daran führt kein Weg vorbei.

Dein wichtigster Helfer: das Hausaufgabenheft

Leg dir ein Hausaufgabenheft zu, um stets den Überblick über alle anstehenden Aufgaben zu haben. Das klingt banal, ist aber wirklich wichtig, denn sonst verbringst du eine Unmenge an Zeit mit der Suche nach irgendwelchen Hausaufgaben-Notizen auf Schmierzetteln, Hefträndern und Schulbüchern oder stehst mangels Übersicht doch immer wieder ohne Hausaufgaben da. Also: Kauf dir ein Hausaufgabenheft, auch wenn es spießig wirkt, und nutze es.

Du musst da natürlich nicht für jede Woche das Datum eintragen und auch nicht für jeden Tag die Fächer vorschreiben – das wäre viel zu aufwändig. Wichtig ist nur, dass du überhaupt eins besitzt und es benutzt. Ich habe einfach immer die Ecke umgeknickt, wenn ich in eine neue Woche gestartet bin. So erspart man sich das unnötige Vorschreiben des Datums, und außerdem ist die aktuelle Woche immer schnell gefunden.

Hol dir aber bitte wirklich ein richtiges Hausaufgabenheft und nicht so einen Mini-Kalender, wie ihn manche haben: Die Dinger sind viel zu klein, und man bekommt die Hausaufgaben kaum in die wenigen Zeilen gequetscht. Außerdem haben Kalender (logischerweise) das Datum schon vorgeschrieben, und man verschwendet in den Ferien etliche Seiten. Auch den Samstag und Sonntag brauchst du nicht. In einem richtigen Hausaufgabenheft hingegen ist meist genügend Platz um alles eintragen zu können, das Datum ist in der Regel noch nicht vorgeschrieben, und es gibt auch keinen unnötigen Samstag und Sonntag. Deshalb würde ich es anderen Alternativen vorziehen.

Unterrichtsmaterialien

Als nächstes brauchst du die Unterrichtsmaterialien, auf die die Hausaufgaben aufbauen. Es lohnt sich daher, deine Hefter zumindest halbwegs ordentlich zu führen und möglichst auch inhaltlich einigermaßen zu wissen, was in welchem Fach eigentlich in letzter Zeit so gemacht wurde. Klar, das hast du bisher nicht gemacht, aber es lohnt sich, das zu ändern: Hefte künftig alle neuen Materialien direkt in den jeweiligen Ordner ab – sonst musst du später wieder suchen und sortieren, und das kostet wieder unnötig Zeit.

Wenn deine Schulsachen derzeit ein völliges Chaos sind und der Großteil der Arbeitsblätter eh im Müll gelandet ist, kauf dir lieber gleich eine neue Mappe für jedes Fach, die du ab jetzt nutzt. Und falls du alte Materialien noch einmal brauchst, kopierst du sie dir von einem ordentlichen Mitschüler.

Stoff nachholen – Schritt für Schritt

Da du dieses Buch liest, ist die Wahrscheinlichkeit hoch, dass es dir ähnlich geht wie mir in der in der 9. und 10. Klasse: Du hast weder einen Hefter noch inhaltlich irgendeinen Plan. Ich will dir nichts vormachen: In diesem Fall wirst du Stoff nachholen müssen, um die nächsten Jahre entspannt durch die Schule zu kommen.

Aber fang jetzt bloß nicht an, gleich alles aufarbeiten zu wollen, was ihr irgendwann mal gemacht habt! Das wäre viel zu zeitaufwändig und demotivierend. Verschaffe dir lieber einen Überblick über die Themen und überlege, wo du deine Zeit am sinnvollsten investierst:

- In Fächern wie **Geschichte** und **Geographie** sind viele Themen in sich abgeschlossen. Die musst du nicht nachholen, das meiste kommt eh nie wieder dran – und wenn doch, dann kannst du es dir immer noch ansehen, wenn es soweit ist.

- Auch in **Deutsch** kannst du viele Themen gleich abhaken – die Lektüre aus dem ersten Halbjahr etwa interessiert niemanden mehr, ebensowenig wie die Kurzgeschichten aus dem Vorjahr. Wichtig dagegen sind allgemeine Techniken, beispielsweise wie man eine Interpretation oder eine Charakterisierung schreibt. Das solltest du dir schon ansehen, denn das kann durchaus immer mal wieder in einer Klausur gefragt sein. Auch Grammatikthemen sind nicht ganz unwichtig, aber insgesamt hält sich der Aufwand im Fach Deutsch meist in Grenzen.

- Bei **Fremdsprachen** lohnt es sich nicht, die Vokabeln der letzten drei Jahre zu pauken – die kommen eh zum großen Teil nicht wieder an die Reihe. Wichtiger ist es, dass du die zentralen Grammatik-Themen kapierst und dir ein halbwegs vernünftiges Grundvokabular zulegst, damit du das Handwerkszeug für kommende Aufgaben besitzt. Hier hilft die Faustregel: Schau dir an, wo du die meisten Fehler machst. Und genau dieses Thema nimmst du dir vor, denn damit erzielst du den maximalen Effekt für deine Noten bei minimalem Aufwand.

- Am meisten wirst du in den **naturwissenschaftlichen Fächern** nachholen müssen, denn in Mathe, Physik, Chemie und so weiter bauen die Inhalte stark aufeinander auf. Wenn dir da Bausteine fehlen, hast du gar keine Chance, das neue Thema zu kapieren. Aber auch hier gibt es einen Trick: Suche dir immer gezielt diejenigen Materialien und Informationen heraus, die für das Thema wichtig sind, das ihr jetzt gerade behandelt. Am Anfang kann das noch ziemlich viel sein, denn du wirst in Mathe zum Beispiel nicht drum herumkommen zu lernen, wie Formeln umgestellt werden oder was Funktionen sind. Beschränke dich aber stets auf das, was für das aktuelle Thema wichtig ist. Das hält den Aufwand in Grenzen, du kannst im Unterricht gleich mit deinem nachgeholten Wissen punkten, und außerdem fällt es leichter, ein neues Thema zu verstehen, wenn man sich gerade schon mit den Grundlagen beschäftigt hat.

Insgesamt wirst du feststellen, dass die Nachholarbeit gar nicht so schlimm ist, wie du jetzt vielleicht denkst. Auch wenn du gerade überhaupt keinen Plan hast – mach dich nicht verrückt. Wichtig ist erst einmal, dass du überhaupt anfängst aus deinem Trott herauszukommen. Alles andere kommt dann Schritt für Schritt.

Dein Arbeitsumfeld

Ich will jetzt nicht mit den üblichen Phrasen anfangen, dass du eine ruhige Arbeitsatmosphäre schaffen sollst, einen orthopädisch perfekt auf dich angepassten Schreibtischstuhl brauchst und dass sich deine Schreibtischplatte in jeden erdenklichen Winkel verstellen lassen muss. Aber gewisse Voraussetzungen sollten schon gegeben sein:

1. Zum Arbeiten solltest du dich nicht ins Bett lümmeln oder auf dem Sofa abhängen, sondern setz dich an einen Tisch. Was für ein Tisch ist eigenlich egal: Hauptsache du kannst gut darauf schreiben, und solange du keine Rückenschmerzen bekommst, kann man die Kirche getrost im Dorf lassen.

2. Mach deine Hausaufgaben vielleicht auch nicht gerade im Keller, sondern sorge für genügend Licht und frische Luft. Die meisten Menschen können sich dann einfach besser konzentrieren. Und du willst ja sicher auch nicht völlig gestresst und mit Kopfschmerzen in deine Freizeit starten.

3. Es gibt immer Schüler, die behaupten, es würde ihnen helfen, wenn sie beim Lernen und Arbeiten Fernsehen gucken oder Musik hören. Das ist Quatsch. Die Ablenkung ist einfach zu groß. Wenn du lediglich für Kunst ein Bild malen musst oder irgendetwas anderes wirklich Entspanntes machst, dann kann Musik eventuell in Ordnung sein, aber auch nur dann. Bei mir persönlich hat es nicht einmal in Kunst funktioniert, weil ich noch nie der größte Picasso war und mich auch beim Malen und Zeichnen immer enorm konzen-

trieren musste, damit etwas Vernünftiges dabei herauskam. Also: Lass dich nicht ablenken und mach lieber den Fernseher und die Musik aus. Dann bist du am Ende nämlich auch schneller fertig und hast mehr Zeit für die wichtigen Dinge in deinem Leben – also Freunde, Parties, Zocken oder was auch immer du gern machst.

4. Noch schlimmer ist die Ablenkung durch das Handy. Es führt dich ständig in Versuchung, „nur mal eben kurz" zu schauen, ob jemand dir eine Nachricht geschrieben hat oder ob deine Freunde auch gerade online sind – und schon ist eine halbe Stunde weg, ohne dass du es gemerkt hast. Und selbst wenn du dein Handy gar nicht in die Hand nimmst, beschäftigt sich ein Teil deines Gehirns unterbewusst damit und fragt sich, ob es wohl gleich klingelt oder was du gerade verpassen könntest. Das ist übrigens kein Witz: Forscher haben tatsächlich herausgefunden, dass Smartphones allein durch ihre bloße Anwesenheit einen „Brain Drain" verursachen. Je präsenter das Handy dabei ist (und präsenter als auf deinem Schreibtisch geht es kaum!), desto stärker beeinträchtigt es das Denkvermögen. Und dazu muss es nicht einmal klingeln – es reicht schon aus, dass es einfach nur auf dem Tisch liegt. Deshalb rate ich dir, dein Handy beim Arbeiten außer Sichtweite zu legen und es auf Flugmodus zu stellen. Du kannst es dann zwar bei Fragen schnell nutzen, um im Internet nachzuschauen oder deine Mitschüler zu kontaktieren, wirst aber ansonsten nicht so stark abgelenkt.

Keine Pausen

Auf die Gefahr hin, dass du das Buch gleich entrüstet in die Ecke wirfst: Mach keine Pausen.

„Was?!?" höre ich dich schon aufschreien. „Aber man soll doch nach jeder Stunde Schularbeit 15-20 Minuten Pause machen, um sich besser konzentrieren zu können!"

Schön und gut, aber Pausen haben auch Nachteile: Sie sind Zeitfresser und geben dir das Gefühl, dass dein Tag eigentlich nur aus Schulkram besteht und du nur zwischendurch mal kurz etwas anderes machen darfst. Viele Schüler sitzen den ganzen Tag am Schreibtisch, aber schaffen so gut wie nichts, weil sie ständig Pausen machen. Überleg doch selbst mal: Willst du wirklich den lästigen Schulkram über den ganzen Tag hinweg verteilen, deine Freizeit nur in Mini-Häppchen dazwischenschieben und erst abends fertig werden? Wäre es nicht besser, eine kürzere Zeit lang richtig durchzuziehen und anschließend den Rest des Tages frei zu haben?

Es gibt auch noch einen zweiten Grund, weshalb es sinnvoll ist, von den Pausen loszukommen: In Klausuren musst du durchaus mal drei, vier Stunden am Stück arbeiten können, ohne dich zwischendurch groß und ausgiebig zu erholen. Das kriegst du besser hin, wenn es ohnehin deiner üblichen Arbeitsweise entspricht.

Falls du wirklich noch feste Pausen brauchst, dann trainiere dir das ab. Fang am besten Schritt für Schritt an, indem du deine Pausenzeiten reduzierst. Plane sie dann nicht zeitlich (z.B. zu jeder vollen Stunde eine Pause) ein, sondern richte sie nach deinen Aufgaben: Mach erst eine Pause, wenn du die Aufgabe (oder besser noch das Fach) abgeschlossen hast. Mit der Zeit wirst du auf diese Weise lernen, ganz auf Pausen zu verzichten. Dafür gewinnst du Freizeit am Stück, mit der du wirklich etwas anfangen kannst.

1.2 Der Unterschied zwischen normalen und wirklich wichtigen Hausaufgaben

Wenn du deinen Zeitaufwand für die Hausaufgaben reduzieren willst, ohne deine Noten zu gefährden, musst du lernen, zwischen normalen und wirklich wichtigen Aufgaben zu unterscheiden. Manche Hausaufgaben dienen nur dazu, noch mehr Übung zu bekommen – zum Beispiel die x-te Kurvendiskussion in Mathe, die eh keiner mehr kontrolliert. Wenn du das schon gut kannst, ist die Hausaufgabe für dich nicht mehr wichtig und bringt dir auch keinen Nutzen mehr.

Andere Hausaufgaben sollen als Grundlage für ein neues Thema dienen, etwa „Lest die Seiten zur Weimarer Republik durch!". Auch diese Aufgaben sind nicht wirklich wichtig, denn meistens wird das alles in der folgenden Stunde eh noch einmal besprochen und zusammengefasst. Ich habe mir meist nur mit einem passenden YouTube-Video einen ersten Eindruck vom neuen Thema verschafft, um ein bisschen mitreden zu können, und dann in der Stunde die wichtigsten Punkte mitgeschrieben. Das hat super geklappt und ging deutlich schneller, als wenn ich es mir alles mühsam selbst erarbeitet hätte.

Und schließlich gibt es die wirklich wichtigen Hausaufgaben. Ich nenne sie Prioritätsaufgaben. Du kannst sie ganz einfach erkennen: Es sind die, die benotet werden. Sobald du auch nur den leisesten Verdacht hast, dass eine Hausaufgabe bewertet werden könnte, behandle sie mit oberster Priorität. Denn wenn du zu den Besten deines Jahrgangs gehören willst, wirft dich eine schlechte Note meilenweit zurück – und das wollen wir ja vermeiden.

Doch woran erkennst du, ob eine Hausaufgabe bewertet wird oder nicht? Die einfachste Variante ist natürlich, dass der Lehrer es einfach ansagt. Dann stellt sich diese Frage gar nicht erst. Aber auch wenn er nichts sagt, gibt es Indizien, die dafür sprechen könnten, dass eine Bewertung vorgesehen ist. Wenn ein Lehrer beispielsweise eine Hausaufgabe sehr ausgiebig und intensiv erklärt, solltest du hellhörig werden: Möglicherweise will er sichergehen, dass wirklich jeder weiß, was zu tun ist, damit er die Antworten vernünftig bewerten kann. Auch wenn jeder Schüler eine andere Aufgabe bearbeiten soll, müssen bei dir die Alarmsirenen angehen. Der Lehrer verhindert so nämlich, dass die Hausaufgaben zusammen gemacht oder abgeschrieben werden – und warum sollte ihm das wohl so wichtig sein? Auch wenn sich das Semester langsam dem Ende nähert und der Lehrer sich beklagt, dass er bislang zu wenige Noten von euch hat, könnte er schnell auf die Idee kommen, einfach mal die nächste Hausaufgabe einzusammeln.

Hier noch ein paar ganz klassische Beispiele für Prioritätsaufgaben:

- Quellen- oder Karikaturenanalyse (Sprachen und Geisteswissenschaften)
- Protokoll schreiben für ein Experiment, dass in der Schule durchgeführt wurde (Chemie, Biologie, Physik)
- Aufgaben, die einen ganzen Themenkomplex beinhalten (vor allem in Mathe)
- Interpretationen schreiben oder ein Bild zeichnen (Kunst)

Wenn du bei den Hausaufgaben Zeit sparen willst, ohne deine Noten in Gefahr zu bringen, musst du Prioritätsaufgaben anders behandeln als normale Aufgaben. Deshalb ist es ungeheuer wichtig, dass du ein Gespür dafür entwickelst, welche Hausaufgaben der Lehrer benoten möchte und welche nicht. Mit der Zeit wird das für dich ein Kinderspiel werden. Sei anfangs lieber ein wenig zu vorsichtig als zu locker, wenn du dir noch unsicher bist. Aber wenn du den Dreh einmal raus hast, macht sich das schnell bezahlt: In den folgenden Abschnitten verrate ich dir, wie du bei welcher Art von Aufgabe Zeit sparst, trotzdem gute Noten bekommst und bei deinen Lehrern auch noch einen besonders guten Eindruck hinterlässt.

1.3 Wie du die Menge normaler Hausaufgaben reduzierst

Die meisten Lehrer raten ihren Schülern, die Hausaufgaben gleich am selben Tag zu machen, damit man sie nicht vergisst. Zusätzlich sei aber eine Unterrichtsvorbereitung zeitnah vor jeder Stunde zwingend notwendig, damit man gut mitarbeiten kann. Für mich ist das doppelt gemoppelt: Wenn ich meine Hausaufgaben mache, wiederhole ich dabei doch automatisch den Stoff der vergangenen Stunde und verinnerliche ihn – und damit bereite ich mich ganz konkret auf den Unterricht vor. Warum sollte ich das zweimal machen?

Vielleicht wirst du jetzt sagen: „Lehrer sind ja (okay, bis auf wenige Ausnahmen…) nicht dumm. Die werden sich schon etwas bei ihrem Ratschlag gedacht haben, oder?" Dann überleg doch mal, wie sie auf ihren Tipp gekommen sind: Lehrer hören täglich dutzendfach denselben Satz wenn es um die Kontrolle der Hausaufgaben geht – „Ich habe sie vergessen." Und um dieses Problem zu beheben, raten sie ihren Schülern, die Aufgaben besser sofort zu machen, solange sie sie noch im Kopf haben. Das ist gar nicht mal verkehrt, hat aber einen entscheidenden Haken: In den meisten Fällen haben wir die Hausaufgaben ja gar nicht wirklich vergessen. Wir Schüler wissen doch alle, dass diese Phrase nur eine höfliche Ausrede ist, um nicht sagen zu müssen: „Ich hatte keinen Bock auf die Scheiße." Deshalb greift auch die gut gemeinte Lösung nicht.

Also: Vergiss den Tipp deiner Lehrer und mach die Hausaufgaben immer erst einen Tag vor ihrer Kontrolle. Wenn du sie also am kommenden Mittwoch vorzeigen musst, dann machst du sie am Dienstag. So verbindest du sie mit der Unterrichtsvorbereitung und sparst enorm viel Zeit. Und es gibt noch mehr Vorteile: Vielleicht stößt du bei deiner Recherche auf Zusatzwissen, das sich dein Langzeitgedächtnis normalerweise nie merken könnte – das Kurzzeitgedächtnis kriegt das aber hin. Und prompt kannst du dann am nächsten Tag mit deinem „Extra-Wissen" punkten. Auch bei Hausaufgaben, die du nur mündlich vorzutragen brauchst, hast du Vorteile: Du brauchst nicht alles auszuformulieren, sondern notierst dir höchstens ein paar Stichworte. In der Stunde kannst du die Fragen dann frei beantworten – du hast ja alles gerade erst am Tag zuvor bearbeitet, sodass dein Kopf die wichtigen Fakten und Zusammenhänge noch gut parat hat. Und dein Lehrer ist beeindruckt, weil du nicht herumstammelst oder die Antwort vom Blatt abliest, sondern den Eindruck machst, als wärst du perfekt vorbereitet.

Ich höre jetzt schon den Eifrigen: „Aber ich muss das alles genau aufschreiben – die Aufzeichnungen brauche ich doch für den nächsten Test!" Nun ja, meiner Erfahrung nach kann ich sagen, dass unsere Hausaufgaben in den meisten Fällen als Übung dienten und kein direkter Lernstoff waren. Sollte das bei deinen Lehrern anders sein, schreibst du dir halt etwas mehr auf – aber du bist dann in der Stunde nicht darauf angewiesen und machst einen guten, sicheren Eindruck.

Es kann natürlich auch passieren, dass du zu einem Tag besonders viele Hausaufgaben auf hast. Für diesen Fall bekommst du jetzt von mir drei Tricks, mit denen du den Zeitaufwand für die Bearbeitung der einzelnen Aufgaben deutlich reduzieren kannst.

Trick 1: Bearbeite nur zwei Aufgaben, aber dafür gründlich!

Wenn dein Lehrer die Hausaufgaben nur mündlich abfragt, bearbeite nur die ersten beiden Aufgabenstellungen. Diese Regel kannst du nicht nur bei zu viel Stress anwenden, sondern auch wenn du einfach mal keinen Bock hast (ich selbst habe zum Schluss nur noch rund zwanzig Prozent meiner Hausaufgaben komplett bearbeitet). Mache diese zwei Aufgaben sehr ordentlich und suche dir jeweils kleine Zusatzinformationen heraus, mit denen du punkten kannst. Wenn die

Hausaufgaben dann verglichen werden, meldest du dich bei dem Teil, den du hast, und trägst ihn vor. Der Lehrer wird dich bei dem weiteren Hausaufgabenvergleich nicht mehr rannehmen, denn es gibt ja auch noch andere Schüler. Und du hast einen Pluspunkt für die besonders gute Bearbeitung ergattert. Außerdem zwingt dich diese Methode dazu, dass du dich bei jedem Hausaufgabenvergleich „freiwillig" meldest und der Lehrer somit das Gefühl hat, dass du immer perfekt vorbereitet bist (was ja auch so ist, bloß halt nur auf zwei Aufgaben…).

„Aber warum muss ich mich überhaupt auf zwei Aufgaben vorbereiten?", wirst du nun vielleicht fragen. „Reicht es nicht, wenn ich nur eine mache?" Das habe ich mir am Anfang auch gedacht. Aber mir ist es öfter passiert, dass sich bei dem Vergleich der ersten Aufgabe mehrere Leute gemeldet haben und ich gar nicht rangekommen bin – das war dann natürlich blöd. Mit zwei Aufgaben hat das aber fast immer geklappt.

Natürlich kann es trotzdem passieren, dass du bei beiden Aufgaben, auf die du dich vorbereitet hast, nicht drangenommen wirst. In diesem Fall werden die kleinen Zusatzinformationen wichtig, die du recherchieren solltest: Melde dich schnell, bevor der Lehrer nach der dritten Aufgabe fragt, und trag deine Ergänzung zu einer der beiden ersten Aufgaben vor. Und schon sucht sich dein Lehrer andere Schüler für die nächste Aufgabe – du hast deinen Beitrag ja schon geleistet.

Trick 2: Lass weg, was nicht kontrolliert wird!

Es gibt Lehrer, die die Hausaufgaben nie kontrollieren. Und auch solche, die zwar kontrollieren, aber keine Konsequenzen folgen lassen. Bei solchen Lehrern kannst du die Hausaufgaben getrost weglassen, wenn es mal zeitlich mal eng wird.

Du solltest allerdings sicher sein, dass es dem Lehrer wirklich egal ist, ob du Hausaufgaben machst oder nicht. Bei mir war das beispielsweise in Kunst und Religion der Fall: Da konnte ich die Hausaufgaben ohne Probleme weglassen, ohne dass es mir geschadet hat. Wenn du aber nicht sicher bist, mach die Aufgaben lieber – sonst hinterlässt du mit der Zeit einen schlechten Eindruck, und wir wollen ja nicht, dass durch solche Aktionen deine Mitarbeitsnote leidet.

Trick 3: Im Notfall abschreiben – aber nur mit Gegenleistung!

Falls wirklich gar nichts mehr geht, kannst du die Bearbeitung der Hausaufgaben natürlich auch beschleunigen, indem du einen Mitschüler fragst, ob du sie abschreiben darfst. Das ist allerdings die schlechteste aller Varianten. Nicht weil du so nichts lernst oder so ein Blödsinn, sondern weil du dadurch deine Mitschüler vergraulst, die du noch für andere wirklich wichtige Dinge brauchen wirst. Wenn du notgedrungen doch zu diesem Trick greifen musst und bei jemandem abschreibst, schick ihm als Dank dafür deine nächste Hausaufgabe ungefragt zu, beispielsweise mit den Worten: „Ich fand das ziemlich schwierig. Vielleicht hilft dir das weiter, falls du auch Probleme damit hast." Dein Mitschüler hat so das Gefühl, dass du ihm eine schwierige Aufgabe abgenommen hast, und du kannst ein „Geben und Nehmen" in eurer „Beziehung" vortäuschen. Dafür musst du die nächste Hausaufgabe allerdings auch ordentlich bearbeiten – und das wollten wir ja eigentlich vermeiden. Deshalb würde ich diese dritte Option wirklich nur im Notfall nutzen.

1.4 Wie du Prioritätsaufgaben bearbeiten solltest

Bei wirklich wichtigen Hausaufgaben musst du anders vorgehen als bei normalen: Du kannst nicht erst einen Tag vorher anfangen. Das ist viel zu riskant, denn es kann immer mal etwas dazwischenkommen, oder du stellst plötzlich fest, dass die Aufgabe so umfangreich ist, dass sie an einem Tag gar nicht zu schaffen ist. Also solltest du früher beginnen.

Das Problem ist dann aber oft, dass der Termindruck noch nicht gegeben ist und du glaubst, du hättest ja noch so viel Zeit, bis die Hausaufgabe fertig sein muss. Und am Tag vor der Abgabe bricht dann die große Panik aus, weil du die Aufgabe immer noch nicht gemacht hast und es jetzt richtig eng wird. Aber keine Sorge, ich zeige dir, wie du das vermeidest.

Dein „Prio-Tag"

Suche dir einen festen Tag, an dem du dich um deine Prioritätsaufgaben kümmerst. Es sollte ein Tag sein, an dem du normalerweise nicht so viel zu tun hast. Ich zum Beispiel hatte sonntags oft Langeweile, also habe ich den Sonntag kurzerhand zu meinem „Prio-Tag" gemacht. Wenn du da schon durch Sport oder andere Aktivitäten gebunden bist, dann nimm einfach einen anderen Tag, an dem möglichst wenig los ist.

Das Ziel für diesen Tag lautet, alle Prioritätsaufgaben für die kommende Woche fertigzubekommen. Führe dazu schon während der laufenden Woche nebenher eine Liste, auf der du jede neue Prioritätsaufgabe sofort notierst. So kannst du jederzeit abschätzen, ob dein Prio-Tag ausreichen wird. Wenn es knapp werden könnte, fang lieber schon einen Tag früher an, denn es ist wichtig, dass du die Prioritätsaufgaben wirklich so gut machst wie du kannst – es sind meist leicht verdiente Noten.

Vielleicht denkst du jetzt: „Oha, das klingt jetzt aber nach viel mehr Arbeit!" Dieser Eindruck täuscht aber, denn dadurch, dass du dir einen Tag für deine Prioritätsaufgaben reservierst, bleiben alle anderen frei davon. Und ich habe natürlich auch noch mehr Tipps für dich, wie du auch bei dieser Art von Aufgaben Zeit sparen und dennoch gute Noten bekommen kannst. Wie das geht, erfährst du in den nächsten Abschnitten.

Aktiv Noten sammeln, wo es sich lohnt

Du kennst das Spiel wahrscheinlich: Gegen Ende eines Schulhalbjahres kommen viele Lehrer mit lästigen Ideen wie benoteten Hausaufgaben und mündlichen Leistungskontrollen um die Ecke. Auf diese Weise wollen sie eine Bewertungsgrundlage für diejenigen Schüler erhalten, die bislang noch kaum in Erscheinung getreten sind und für die sie noch zu wenige Einzelnoten in ihrer Liste stehen haben. Das größte Problem daran ist, dass das Ganze meist unvorbereitet kommt: So besteht immer das Risiko, dass dein Lehrer dich auf dem falschen Fuß erwischet und die Note dann eher mau ausfällt. Doch dem kannst du vorbeugen: Du musst nur dafür sorgen, dass der Lehrer schon im Laufe des Schuljahres genügend Noten von dir bekommt und nicht auf Last-Minute-Kontrollen angewiesen ist. Und du kannst das sogar so steuern, dass du gezielt Noten in den Bereichen sammelst, in denen du gut (oder zumindest besser als in anderen) bist.

Bei den bewerteten Hausaufgaben zum Beispiel kannst du dir zu Nutze machen, dass auch Lehrer ungern unnötig viel Arbeit haben. Deshalb werden bewertete Hausaufgaben häufig nicht geschlossen im Klassen- oder Kursverband abgegeben, sondern etappenweise: Die Lehrer sammeln die Aufgabe dann jeweils von fünf bis sechs Schülern ein, und dann beim nächsten Mal wieder von anderen fünf, sechs Schülern und so weiter, bis alle einmal abgeben mussten. Das bedeutet, dass du jede dieser Aufgaben sorgfältig bearbeiten müsstest, weil du ja nicht weißt, wann du an der Reihe bist. Es sei denn, du warst schon dran – und genau das ist der Trick an der Sache: Versuche, deine Noten so früh wie möglich zu bekommen – dann stehen die Chancen gut, dass du den Rest der Zeit in Ruhe gelassen wirst.

Ich habe zum Beispiel immer versucht, gleich am Anfang des Schuljahres oder Semesters eine Hausaufgabe freiwillig auf Note abzugeben. Ich habe die erste Aufgabe, die nicht völlig banal war, besonders ordentlich bearbeitet und dann den Lehrer gefragt, ob ich sie abgeben dürfte, weil ich mir wirklich Mühe gegeben hätte. Das hat auch fast immer geklappt, denn die meisten Lehrer freuen sich über Schüler, die aktiv an ihrem Unterricht teilnehmen. Mit etwas Glück kannst du auf diese Weise aus einer einfachen, normalen Hausaufgabe eine Note herausholen und musst später keine oder zumindest weniger Prioritätsaufgaben abgeben.

Wenn das nicht klappt, dann warte, bis dein Lehrer die erste Prioritätsaufgabe stellt. Meistens geben Lehrer nämlich die Möglichkeit, die Hausaufgaben freiwillig abzugeben. Das wird natürlich im Normalfall kaum ein Schüler nutzen. Du aber solltest es sofort tun, denn wenn du dir gleich beim ersten Mal eine gute Note sicherst, bist du für den Rest der Zeit raus und kannst chillen.

Manche Lehrer sind auch so unfair, gar nicht zu erwähnen, dass die Hausaufgabe benotet werden soll, und sammeln dann unerwartet ein paar Hefte ein. In diesen Fächern musst du in den sauren Apfel beißen und erstmal alle Aufgaben ordentlich bearbeiten, bis du an der Reihe warst. Versuche auch hier, so früh wie möglich abzugeben, weil du danach ein bisschen lockerer an die Sache herangehen kannst.

Sollte im Laufe des Jahres zufällig eine Prioritätsaufgabe gestellt werden, die dir vom Thema her besonders liegt, lohnt es sich, auch diese zu bearbeiten und freiwillig abzugeben: So heimst du gezielt gute Noten in den Bereichen ein, in denen du sowieso gut bist, und senkst das Risiko, dass du Aufgaben zu eher schwierigen Themen aufgedrückt bekommst oder der Lehrer dich am Ende des Schuljahres nochmal mündlich prüft.

Du kannst dich auch freiwillig für Referate oder Schülervorträge melden. Das ist besonders interessant, wenn du selbst das Thema auswählen kannst, weil du dabei deine Stärken berücksichtigen kannst. Auch das bringt dir wieder eine zusätzliche Note ein.

Zusammengefasst: Sammle aktiv so viele Zensuren wie möglich, sodass du selbst kontrollieren kannst, wofür du deine Noten erhältst. Dann musst du dir keine Sorgen darum machen, dass dein Lehrer dich mit irgendeiner nervigen „Ankacker"-Aufgabe am Ende des Jahres dumm erwischt. Und selbst wenn es doch passiert, hast du immer noch genügend gute Bewertungen, die deine Gesamtnote hochhalten.

Gut geplant ist schon halb gepunktet

Erinnerung: Die in diesem Abschnitt vorgestellten Techniken gelten nur für Prioritätsaufgaben! Wie du mit normalen Hausaufgaben verfahren solltest, kannst du in Kapitel 1.3 nachlesen.

Wer kennt das nicht: Man sitzt an einer Aufgabe und hat ständig im Hinterkopf, was noch alles zu tun ist. Immer wieder fällt einem etwas Neues, noch Wichtigeres ein und man kann sich kaum auf das konzentrieren, was man gerade macht. Das kostet Zeit, verursacht Stress, und die Qualität deiner Prioritätsaufgaben leidet auch darunter. Doch du kannst etwas dagegen tun: Das Zauberwort heißt Planung! Ich habe am Ende einfach alles ordentlich durchgeplant – meinen Tag, meine Woche und natürlich auch meine langfristigen Ziele, zum Beispiel einen bestimmten Notendurchschnitt, den ich erreichen wollte. Und ich kann dir sagen: Die Zeit, die du für das Planen aufwenden musst, ist gut investiert und zahlt sich wirklich aus.

Dein Wochenplan

Als erstes rate ich dir, einen Wochenplan anzulegen. Such dir einen festen Tag aus, an dem du jeweils deinen Plan für die nächste Woche aufstellst. Bei mir war es der Freitagnachmittag (mehr habe ich freitags nie gemacht, weil ich da meistens die Schnauze voll von der Schule hatte). Gehe dann folgendermaßen vor:

- **Erstelle eine Übersicht über die kommenden sieben Tage.** Dort trägst du im ersten Schritt alle festen Termine ein (Sportverein, Arztbesuch, Familienfest, Geburtstagsfeier...) und überlegst, wann du wie viel Zeit für die Schule aufbringen kannst.

- **Prüfe deine Prio-Liste.** Nimm dir die Liste mit den Prioritätsaufgaben zur Hand, die du im Laufe der vergangenen Tage geführt hast. Schreibe alle Fächer, in denen solche Aufgaben anstehen, auf einen Zettel, damit du dir einen Überblick verschaffen kannst. Überprüfe noch einmal, ob die notierten Aufgaben wirklich Prioritätsaufgaben sind. Meist gibt es davon nämlich weniger als du denkst. (Deine normalen Hausarbeiten musst du nicht extra in diesem Plan notieren – dafür hast du ja dein Hausaufgabenheft.)

- **Schätze den Zeitaufwand ein.** Wie viel Zeit wirst du für jedes Fach aufbringen müssen? Schreibe die prognostizierte Zeit hinter das jeweilige Fach.

- **Lege fest, welche Fächer du wann bearbeiten wirst.** Natürlich unter Beachtung deiner verfügbaren Zeit. Falls du merkst, dass du die Aufgaben an deinem Prio-Tag nicht alle schaffen wirst, plane einen Teil davon für andere Tage ein. Wenn du eine Prioritätsaufgabe beispielsweise erst zu nächsten Freitag machen musst und weißt, dass du am Mittwoch sehr früh Schulschluss hast, dann kannst du diese Aufgabe für diesen Tag einteilen. Dazu kommt es in der Regel aber selten: In den meisten Fällen sind alle Prioritätsaufgaben für eine Woche an einem Tag zu schaffen.

Deine Tagespläne

Der Wochenplan steht? Gut, dann hast du jetzt einen strukturierten Überblick, was du machen musst. Nun machst du dir für jeden Tag, an dem du Prioritätsaufgaben angesetzt hast, einen detaillierten Tagesplan. Keine Sorge, das klingt nach viel mehr Arbeit, als es ist, denn in der Regel betrifft das ja nur einen einzigen Tag in der Woche. Und wenn wirklich mal mehr ansteht und du mehrere Tage für die Prioritätsaufgaben brauchst, dann lohnt es sich umso mehr, die paar Minuten zu investieren, um sich nicht zu verzetteln.

- **Schreib alle Prioritätsaufgaben für den jeweiligen Tag auf.** Das sollte keine fünf Minuten dauern – du hast ja bereits im Wochenplan festgelegt, welche Fächer du an diesem Tag bearbeiten willst. Du musst also nur noch die dazugehörigen Einzelaufgaben auf den Tagesplan schreiben.

- **Bring die Aufgaben in die richtige Reihenfolge.** Ich empfehle dir hier das „Eat-that-frog"-Prinzip, das die Autoren Brian Tracy und Frank M. Scheelen in ihrem gleichnamigen Buch beschreiben: Wenn du eine Kröte schlucken musst, dann mach es sofort und verschiebe es nicht auf später – dann hast du es hinter dir. Auf die Hausaufgaben übertragen bedeutet das, dass du mit den unangenehmsten und schwierigsten Aufgaben anfangen solltest. Wenn du beispielsweise weißt, dass die Mathehausaufgabe, die höchstwahrscheinlich eingesammelt wird, extrem schwierig ist und du sowieso eher schlecht in Mathe bist, dann schieb sie auf keinen Fall nach hinten! Je länger du wartest, desto weniger Lust wirst du haben, dich damit zu beschäftigen. Und du wirst dich auf die anderen Aufgaben nicht richtig konzentrieren können, weil du ständig im Hinterkopf hast, dass diese Kröte noch auf dich wartet. Schieb die unliebsame Aufgabe also nicht den ganzen Tag vor dir her, sondern bearbeite sie als Erstes. Anschließend wird dir ein Stein vom Herzen fallen, und du hast den Kopf frei für den restlichen Tag und kannst die weiteren Aufgaben deutlich gelassener angehen.

Generell solltest du deinen Plan mit abnehmender Schwierigkeit aufbauen. Das heißt, du fängst mit den schwierigsten und aufwändigsten Aufgaben an und gehst dann zu den leichteren Dingen über, sodass du am Ende vielleicht nur noch eine Power Point Präsentation gestalten oder ein Plakat dekorieren musst. [2]

Beispiele für Wochen- und Tagespläne

Damit du dir besser vorstellen kannst, was ich meine, zeige ich dir an einem Beispiel, wie ich meine Pläne geschrieben habe. Mein Wochenplan sah zum Beispiel wie folgt aus:

Samstag

Mathe: brauche ich viel Zeit, da ich schlecht in Mathe bin und das
         neue Thema nicht verstehe (2 Stunden)
Deutsch: geht schnell (30 Minuten)

Sonntag

Geografie: schwierig die benötigte Zeit einzuschätzen, deshalb plane
           ich vorsichtshalber viel Zeit ein (2 Stunden)
Englisch: geht schnell, die Aufgabe ist sehr einfach (15 min)

Den detaillierten Plan für Samstag würdest du dann so aufstellen:

Mathe:
Buch Seite 131 Nummer 3a-f
Arbeitsblatt Exponentialfunktionen beenden

Deutsch:
Gedichtanalyse zu „Schlechte Zeit für Lyrik" / 800 Wörter

In dieser Form schreibst du den Plan dann auch noch für Sonntag, in diesem Beispiel mit den Aufgaben für Geografie und Englisch. Denke bitte daran, dass du am Sonntagabend vielleicht auch noch eine halbe Stunde für deine „normalen" Hausaufgaben einplanen musst, falls du welche zu Montag aufhast.

Ich betone es noch einmal: Eine vernünftige Planung ist einer der wichtigsten Bausteine für deinen Einser-Durchschnitt – und auch generell für ein entspanntes Leben. Wenn du noch zweifelst, lies dir noch einmal die wichtigsten Vorteile durch:

• Bei der Planung musst du zwangsläufig überlegen, was wirklich wichtig ist und welche unwichtigen Aufgaben du verkürzen oder weglassen kannst. Das spart enorm viel Zeit, da du dich nicht mehr an unwichtigen Aufgaben aufhalten wirst.

• Da du alle deine Aufgaben genau eingeplant hast, kannst du dich hundertprozentig auf das konzentrieren, was du gerade machst, und musst nicht ständig überlegen, ob du etwas vergessen hast – steht ja alles auf deiner Liste.

• Du weißt ganz genau, wann du fertig bist, und kannst dich anschließend mit gutem Gewissen deiner Freizeitaktivitäten widmen. Wenn das Ende von Anfang an in Sicht ist, arbeitet man motivierter und schneller als bei einer unstrukturierten Vorgehensweise.

• Es kann dir nicht passieren, dass du das ganze Wochenende lang herumeierst und dann am Sonntagabend bis Mitternacht am Schreibtisch sitzt und verzweifelst. Denn du zwingst dich selbst, die Prioritätsaufgaben frühzeitig zu erledigen, und kannst den Rest der Zeit wirklich genießen.

• Du wirst im Laufe der Zeit merken, wie wenige Prioritätsaufgaben es eigentlich gibt. Und du wirst öfter als du denkst ein komplett freies Wochenende haben.

Abschließend möchte ich dir noch ein paar Tipps geben, mit denen du die häufigsten „Anfängerfehler" vermeiden kannst:

- Wenn du weißt, dass du am Freitagabend feiern gehst, dann pack dir den Samstagmorgen nicht mit Hausaufgaben voll.

- Berücksichtige generell deine Freizeitaktivitäten. Für mich war der Sonntag der ideale Prio-Tag, doch das kann bei dir anders sein: Wenn du zum Beispiel von deinem Sportverein aus ein Spiel am Sonntag hast, bist du danach möglicherweise zu kaputt, um dich mit Brecht, japanischen Vulkanen oder Stochastik zu beschäftigen.

- Finde heraus, wann du am effizientesten arbeiten kannst. Es gibt Leute, die sind früh am Morgen besonders fit, andere können sich abends am besten konzentrieren. Das ist bei jedem anders. Versuche deshalb herauszufinden, welche Zeiten für dich am besten funktionieren, und plane so, dass du dies ausnutzen kannst.

- Trainiere dir an, die Zeit für die einzelnen Aufgaben realistisch einzuschätzen. Stoppe anfangs die tatsächlich benötigte Zeit und vergleiche sie mit dem, was du angesetzt hast: So merkst du schnell, bei welchen Aufgabentypen du dich verschätzt und kannst das künftig berücksichtigen.

- Du musst deine Aufgaben nicht zwingend nach Fächern einteilen: Manchmal ist es sinnvoller, sich nach der voraussichtlichen Arbeitszeit zu richten. Wenn du den Samstag und Sonntag zur Verfügung hast, ist es nicht unbedingt sinnvoll, die Fächer gleichmäßig zu verteilen, wenn du für das eine Fach zwei Stunden brauchst und für das andere nur zehn Minuten.

- Sehr umfangreiche Aufgaben kannst du auch aufteilen, denn Riesenaufgaben schrecken ab und demotivieren. Plane dir beispielsweise die ersten drei Teilaufgaben eines Arbeitsblattes am Samstag und die anderen drei am Sonntag ein.

1.5 Hilfen bei den Hausaufgaben

Früher oder später braucht jeder mal Hilfe bei den Hausaufgaben. Es gibt immer Fächer oder Themengebiete, die man nicht versteht. Vielleicht kommst du auch nur mit der Aufgabenstellung nicht klar, oder du hast einen schlechten Tag. Dann gilt: Hol dir Hilfe!

Es gibt natürlich viele verschiedene Möglichkeiten, sich Hilfe zu besorgen. Manche halte ich für nicht besonders hilfreich oder sogar hinderlich. Bei anderen kommt es auf den Einzelfall an. Und einige Quellen solltest du zu deinen ersten Anlaufstellen machen – immer vor dem Hintergrund, dass du für ein gutes Ergebnis möglichst wenig Zeit investieren willst.

Eltern

Die Eltern nach Hilfe bei den Hausaufgaben zu fragen ist in den allermeisten Fällen keine gute Variante. Der Großteil von ihnen ist nun einmal schon mehr als 20 Jahre raus aus der Schule, und das meiste von dem, was unsere Eltern einst gelernt haben, nutzen sie kaum noch. Und außerdem unterscheidet sich der Lernstoff von heute stark von dem damaligen. Natürlich werden die meisten Eltern auf die Fragen ihres Kindes trotzdem eine Antwort geben, auch wenn diese vielleicht nur aus Halbwahrheiten und aus dem Kontext gerissenen Informationen besteht. Denn wer mag schon vor seinen Kindern zugeben, dass er mit ihrem Schulstoff überfordert ist?

Andere Eltern erwarten, dass du ihre alten Lehrsätze und Methoden von früher nutzt – selbst wenn diese nach dem heutigen Wissensstand längst überholt sind. Und sogar wenn dein Vater Biologe ist und du an einer Bio-Hausaufgabe hängst, wird seine Erklärung in vielen Fällen nicht weiterhelfen: Auch wenn sie fachlich absolut korrekt ist, entspricht sie wahrscheinlich nicht dem Lehrplan und damit auch nicht dem, was dein Lehrer hören möchte. Wenn deine Eltern nicht gerade als Lehrer in dem betreffenden Fach arbeiten oder Ausnahmeerscheinungen sind, dann rate ich dir, sie in Zukunft aus den Hausaufgaben herauszuhalten: Es ist zeitaufwendig, führt meist zu Streitereien und hilft dir in der Regel nicht wirklich weiter.

Ich persönlich habe die Hilfe meines Vaters nur in Technik in Anspruch genommen. Technik war mein schlechtestes Fach, und von daher konnte ich da nicht viel versauen. Mein Vater hat sogar Ingenieurwesen studiert und ist wirklich technikbegeistert, dennoch war das gemeinsame Hausaufgabenmachen immer sehr mühsam, und er hat es nur selten geschafft, genau die Frage zu beantworten, die ich auch gestellt hatte.

Freunde und Klassenkameraden

Eine weitere beliebte Anlaufstelle für Hilfe bei den Hausaufgaben sind Freunde und Klassenkameraden. Auch hiervon halte ich nicht viel. Den Grund kannst du dir wahrscheinlich schon denken: Es ist einfach zu zeitaufwändig. Wir wollen die Hausaufgaben so effizient wie möglich gestalten, und bei einem Treffen geht einfach zu viel Zeit verloren. Wenn du zu einem Freund gehst, musst du die Fahrt einrechnen – die kostet schon mal Zeit, in der du zu Hause hättest arbeiten können. Und dann findest du dort in der Regel auch kein perfektes Arbeitsumfeld: Vielleicht übt der Bruder gerade Schlagzeug, die kleine Schwester steht alle drei Minuten neugierig im Zimmer, oder dein Freund will ständig Pausen machen...

Aber der wichtigste Grund gegen eine „Hausaufgabengemeinschaft" ist die Vermischung von Freizeit und Schule: Ihr werdet euch gegenseitig ablenken und ewig zwischen Hausaufgaben und Freizeit hin- und hereiern. Das ist extrem ineffizient und zeitaufwändig, und am Ende hast du einen Nachmittag verplempert, an dem du weder die Hausaufgaben erledigt noch deine Freizeit genossen hast. Also mach erst deine Hausaufgaben und triff dich danach mit deinen Freunden.

Bücher

Bücher können hilfreich sein, aber es müssen die richtigen sein. Wenn sie nicht für den Lehrplan geschrieben sind, enthalten sie meist zu viele Extrainformationen, die für den nächsten Test völlig überflüssig oder nebensächlich sind – das kostet Zeit und verwirrt dich möglicherweise sogar noch. Bei den zwei Weltkriegen geht es in Geschichte beispielsweise fast ausschließlich um die Ursachen und Folgen der Kriege und weniger um den genauen Verlauf. Die meisten Bücher zu diesem Thema legen ihren Schwerpunkt aber genau auf diesen Aspekt. Deshalb würde ich sie höchstens als zusätzliche Literatur nutzen, zum Beispiel wenn du dir einen besseren Überblick über die Hintergründe verschaffen möchtest, aber nicht für die Hausaufgaben.

Deine Schulbücher hingegen solltest du durchaus einmal durchblättern, denn sie wurden ja gezielt für den Lehrplan geschrieben und beinhalten die wichtigsten Aspekte, die für den nächsten Test oder die nächste Arbeit relevant sind.

Neben den reinen Lehrbüchern, die man von der Schule bekommt, gibt es auch noch einige weitere Werke, die sich stark an den Prüfungsthemen und Lehrplänen orientieren und so eine nützliche Hilfe darstellen können. Mehr dazu findest du im Kapitel *Das geheime Zusatzmaterial zum Erfolg.*

Nachhilfe

Viele Schüler, die Probleme mit dem Unterrichtsstoff haben, werden von ihren Eltern zum Nachhilfeunterricht geschickt – in der Hoffnung, dass sich die Noten schnell verbessern. Ich selbst ging von der 9. bis zur 12. Klasse zur Spanisch-Nachhilfe. Viel gebracht hat es mir aber nicht: Ich bin weder besser in Spanisch geworden, noch konnte ich mich dadurch besser auf Tests vorbereiten. Nur in Sachen Hausaufgabenbearbeitung hat mir die Nachhilfe etwas gebracht: Zum einen bearbeitete ich die Hausaufgaben regelmäßig, denn ich saß ja eh 90 Minuten lang bei der Nachhilfe und konnte nichts anderes tun. Sie wurden sogar noch kontrolliert, wodurch ich in der Schule immer gute Hausaufgaben abliefern konnte. Notentechnisch hat mich aber auch das nicht weitergebracht. Dafür war der Zeitaufwand groß: Mit den Fahrtwegen war ich insgesamt fast zwei Stunden unterwegs. Diese Zeit hätte ich lieber in meine Prioritätsaufgaben investiert.

Auch der Kostenfaktor spielt eine wesentliche Rolle. Wenn deine Eltern dir die Nachhilfestunden bezahlen, kannst du diesen Punkt natürlich vernachlässigen. Allerdings werden sie dann auch darauf bestehen, dass du auch wirklich jedes Mal zur Nachhilfe hingehst, was auf Dauer ziemlich lästig werden kann – vor allem wenn du gerade gar keine Hausaufgaben in Spanisch hast, dafür aber in vielen anderen Fächern.

Es gibt aber natürlich auch Ausnahmen: Wer in einem Fach versetzungsgefährdet ist oder merkt, dass er schon längere Zeit überhaupt nicht mehr mitkommt und sich den Unterrichtsstoff wirklich nicht aus eigener Kraft erarbeiten kann, sollte wirklich über Nachhilfeunterricht nachdenken. Schließlich musst du alles tun, um da wieder auf einigermaßen vernünftige Noten zu kommen. Ideal (aber leider selten) sind Nachhilfelehrer mit flexiblen Zeiten: Dort kannst du kurzfristig Termine vereinbaren, wenn du tatsächlich Probleme hast, und musst nicht zwingend jede Woche hin, wenn du die Zeit gerade für andere Fächer benötigst.

Das Internet

Meine wichtigste Informationsquelle für Hausaufgaben war immer das Internet: Es ist schnell, du findest meist in kürzester Zeit die Informationen, die du suchst, und dir stehen schier endlos viele Quellen zur Verfügung. Du musst lediglich darauf achten, nur solche zu nutzen, die hinreichend fundiert sind.

Schülern ab der 9. Klasse rate ich auf jeden Fall zu Wikipedia. Dort kannst du dir sowohl einen groben Überblick verschaffen und manche Aspekte auch sehr detailliert nachlesen. Zu so gut wie jedem Schlagwort gibt es einen Artikel, und die meisten sind wirklich hilfreich. Einige Artikel sind zwar sehr umfangreich, und man muss sich ein bisschen anstrengen, um die relevanten Punkte herauszufiltern, aber das ist immer noch besser als sich durch unzählige Bände von alten verstaubten Lexika durchzukämpfen. Von den Lehrern wird Wikipedia allerdings meist nicht so gern gesehen: Das häufigste Argument ist, dass die Inhalte falsch sein könnten, da im Prinzip jeder, der Lust hat, dort Beiträge verfassen kann. Natürlich können Fehler vorkommen, aber ich selbst bin bei meinen Recherchen äußerst selten auf solche gestoßen. Das liegt vielleicht auch daran, dass zukünftige Wikipedia-Artikel zunächst von Experten geprüft und erst dann veröffentlicht werden. Und selbst wenn doch irgendwo mal ein Fehler durchrutscht, dauert es aufgrund der Vielzahl an Nutzern in der Regel nicht lange, bis jemand ihn findet und korrigiert.

Anders sieht es bei „Von-Usern-für-User-Seiten" wie beispielsweise gute-frage.net aus: Hier können Inhalte durchaus falsch oder nur halbwahr sein, da niemand sie kontrolliert. Diese Art von Webseiten darfst du gern bei Meinungsfragen heranziehen, zum Beispiel wenn du Argumente für eine Pro-Contra-Diskussion brauchst. Sie sollten jedoch niemals als einzige Quelle dienen, wenn es um Fakten und Tatsachen geht!

Online-Zeitungsartikel habe ich nur selten genutzt: Sie sind meist sehr ausschmückend geschrieben und behandeln auch nur selten die trockenen Themen, um die es in der Schule geht. Du kannst natürlich Glück haben und einen Artikel finden, der hundertprozentig genau zu deiner Aufgabe passt. Häufiger wird es aber vorkommen, dass du dich mühsam durch einen zweiseitigen Zeitungsartikel kämpfst und am Ende nur eine winzige eventuell nützliche Nebeninformation herausziehen konntest. Und in diesem Fall stimmt das Verhältnis vom Aufwand und Ergebnis einfach nicht mehr.

Dein Co-Pilot

Eine sehr nützliche Hilfe bei den Hausaufgaben ist ein Co-Pilot. Damit ist ein Mitschüler gemeint, der im jeweiligen Fach gut ist und dir Fragen beantworten kann. Wie genau du einen Co-Piloten findest und was er dir bringt, kannst du im Kapitel *Schnapp dir einen Co-Piloten* nachlesen. Bevor du aber deinen Co-Piloten für die Hausaufgaben einschaltest, versuche erst einmal die anderen Wege, um ihn nicht unnötig zu nerven.

Eines muss dir bewusst sein: Hilfen kosten immer Zeit. Und wenn du nicht einen enormen Vorsprung von der Hilfe erwarten kannst, ist sie den Aufwand meist nicht wert. Beim Lernen für Arbeiten sieht das schon ein bisschen anders aus, aber bei den Hausaufgaben solltest du versuchen, die Hilfeleistungen so gering wie möglich zu halten.

1.6 Wenn du die Hausaufgaben mal gar nicht hast

Nun ist es doch passiert: Du hast dich völlig verschätzt. Du warst dir sicher, dass der Lehrer die Hausaufgaben nicht abfragen wird, da er immer so entspannt drauf ist. Doch anscheinend ist er heute mit dem falschen Fuß aufgestanden und nimmt die Hausaufgabenkontrolle nun sehr ernst. Jetzt bist du am Arsch und kannst dich nur noch melden und den Eintrag in Kauf nehmen. Oder?

Nicht unbedingt, denn es gibt einen Trick, mit dem du eine gute Chance hast, nicht aufgerufen zu werden. Was definitiv nicht klappt ist die Bloß-nicht-auffallen-und-jeden-Blickkontakt-vermeiden-Masche, ganz im Gegenteil: Die meisten Lehrer sehen dabei genau, dass du dich drücken willst, und nehmen dich dann erst recht an die Reihe. Das brauchst du also gar nicht erst zu versuchen. Stattdessen solltest du dich in dem Moment, wenn du merkst, dass der Lehrer mit der Hausaufgabenkontrolle anfangen möchte, melden und irgendetwas Belangloses sagen oder fragen. Gut geeignet ist zum Beispiel die Frage, ob du das Fenster aufmachen oder schließen dürftest. Du kannst auch auffällig aufstehen und zum Mülleimer gehen und irgendetwas wegwerfen, oder du stellst eine Frage zur letzten Unterrichtsstunde. Wichtig ist nur, dass du dem Lehrer auf irgendeine Weise auffällst (nur bitte nicht negativ!). Der Lehrer hat dann nämlich das Gefühl, dass du dich schon in irgendeiner Form am Unterricht beteiligt hast, während andere noch gar nichts gesagt haben, und ruft dann lieber jemand anderen auf. Also: Mach dich am Anfang der Hausaufgaben-kontrolle – oder besser noch kurz davor – irgendwie bemerkbar, und du erhöhst deine Chancen, noch einmal verschont zu bleiben.

Teil 2: Lernen leicht gemacht

Nach dem ersten Teil zu den Hausaufgaben wirst du jetzt vielleicht erwarten, dass es beim Lernen ebenso läuft – dass du einfach einige Teile komplett weglassen kannst. Das funktioniert beim Lernen aber leider nicht: Wenn du für Arbeiten lernst, darfst du nichts, absolut gar nichts, komplett weglassen.

„Aber momentan mal!", denkst du jetzt bestimmt. „Unser großes Ziel war es doch, WENIGER Zeit für die Schule zu brauchen?" Das stimmt, und dieses Buch heißt auch nicht umsonst „Der entspannte Weg zum 1er-Durchschnitt". Denn auch wenn du für jede Arbeit und jeden Test lernen musst, gibt es viele Tricks, mit denen du das Lernen extrem beschleunigen und verkürzen kannst und dabei auch noch bessere Noten bekommst. Und ganz nebenbei haben viele der Lerntechniken, die ich dir in diesem Teil des Buches vorstelle, auch noch den Effekt, dass sie den Stoff besonders gut in deinem Gedächtnis verankern.

Probiere es einfach aus: Du wirst weniger Zeit über deinen Büchern verbringen, aber die Inhalte trotzdem besser parat haben. Klingt doch entspannt, oder?

2.1 Vergiss deine Stärken nicht!

Die meisten Schüler lernen fast ausschließlich für diejenigen Fächer, in denen sie nicht so gut sind. Das wird sicherlich auch durch unser Schulsystem gefördert, in dem es immer nur darum geht, dass man seine Schwächen ausbügelt und eine Art Allrounder wird. Ich finde, das ist ein Fehler. Ist es wirklich erstrebenswert, dass jeder von uns alles ein bisschen kann, aber nichts wirklich gut? Wäre es nicht viel besser, mehr Energie in die Fächer zu stecken, die einem liegen, um dort nicht nur gut, sondern ausgezeichnet zu werden? Das macht erstens mehr Spaß und bringt zweitens auch den größeren Nutzen für die Gesellschaft: Eine Welt mit lauter Experten, die sich gegenseitig helfen können und sich gern mit ihren Aufgaben beschäftigen, wäre doch viel besser als eine Gesellschaft mittelmäßiger Allrounder, die sich die meiste Zeit um Dinge kümmern müssen, auf die sie gar keine Lust haben.

Stell dir doch mal eine Skala von minus zehn bis zehn vor. Und nehmen wir mal an, in Deutsch liegst du bei minus sieben. Jetzt strengst du dich enorm an, um in Deutsch besser zu werden, und kletterst sogar um sieben imaginäre Punkte nach oben. Toll, jetzt bist du eine Null. Willst du wirklich eine Null sein? Verbessere dich doch lieber in den Fächern, in denen du vielleicht schon eine Acht bist. Dann hast du das realistische Ziel, eine Zehn und damit auf deinem Gebiet der Beste in deinem Umfeld zu werden! Mal ehrlich: Klingt das nicht viel erstrebenswerter?

Bis zu einem gewissen Punkt wirst du dich natürlich an die Regeln unseres Schulsystems halten müssen, wenn du zu den Jahrgangsbesten gehören willst. Das heißt, dass du deine schlechten Fächer nicht ganz links liegen lassen darfst, sondern auch an ihnen arbeiten musst, weil es das Schulsystem nun einmal so verlangt. Aber ganz wichtig ist, und das kann ich gar nicht genug betonen: Du musst ebenso intensiv deine Stärken ausbauen!

Genau das habe ich bei meiner Abiturvorbereitung falsch gemacht. Ich habe für Mathe, wo ich die größten Probleme vermutete, mit Abstand am meisten gelernt und meine starken Fächer, Politik und Deutsch, darüber vernachlässigt. Dadurch habe ich zwar in Mathe ein passables Ergebnis in der Abiturprüfung geschafft. Allerdings war ich in meinen Paradefächern deutlich schlechter als üblich. Sonst wäre meine Abiturnote vermutlich noch deutlich besser ausgefallen.

Also, tu dir den Gefallen und lerne aus meinem Fehler: Vernachlässige niemals deine Stärken, sondern schenke ihnen immer genügend Aufmerksamkeit. Das zahlt sich aus: Gute Noten in deinen Lieblingsfächern sind eine wertvolle Basis für deine Gesamtnote – je besser sie sind, desto eher kannst du dir ein oder zwei Punkte weniger in einem anderen Fach leisten.

2.2 Aufgabe ist nicht gleich Aufgabe

Bei schriftlichen Überprüfungen deiner Leistungen gibt es grundsätzlich drei verschiedene Arten von Aufgaben. Einfach formuliert handelt es sich dabei um leichte, mittlere und schwierige Aufgaben. Jede Aufgabe, ob nun in einem Test, in einer Arbeit oder einer Klausur, lässt sich einem dieser Aufgabentypen zuordnen.

Lehrer sprechen in diesem Zusammenhang in der Regel von sogenannten Anforderungsbereichen (AFBs). Im folgenden Abschnitt erkläre ich dir, was die Aufgaben der einzelnen AFBs unterscheidet, woran du sie erkennst, was dein Lehrer bei der Beantwortung erwartet, wie du dich am effektivsten vorbereiten kannst und welchem Aufgabentyp du die meiste Aufmerksamkeit schenken solltest.

Der AFB 1 („leicht")

Der erste Anforderungsbereich beschäftigt sich mit der reinen Wiedergabe von Gelerntem. Einfach gesprochen: Hier geht es um bloßes Auswendiglernen von Fakten, die dann schriftlich oder mündlich abgefragt werden. Typische Beispiele sind Vokabeltests in Englisch und anderen Fremdsprachen oder auch Topografietests in Erdkunde.

Neben diesen reinen Abfrageaufgaben gehören auch andere sehr einfache Aufgaben, die kaum oder gar kein Vorwissen erfordern, zum AFB 1. Die häufigste ist die Wiedergabe des Inhalts eines Textes. Bei fast jeder Klausur, bei der man einen Text oder eine Quelle ausgehändigt bekommt, lautet die erste Aufgabe oder Teilaufgabe:

„Fassen Sie den Textinhalt mit eigenen Worten zusammen."

„Geben Sie die Position des Autors wieder."

„Arbeiten Sie strukturiert den Inhalt der Quelle heraus."

Die Aufgabe kann sich auch schon auf eine konkrete Fragestellung beziehen:

„Arbeiten Sie die Position und Argumentation des Autors zu der Frage [...] heraus."

„Beschreiben Sie, welchen Lösungsansatz der Autor zu der Problematik [...] vorschlägt."

In naturwissenschaftlichen Fächern wie beispielsweise Mathe und Physik beinhaltet der erste Anforderungsbereich zudem das Anwenden einfacher bekannter Sätze (z.B. Satz des Pythagoras) und das Erkennen der wesentlichen Informationen aus einem Text.

So erkennst du Aufgaben des AFB 1:

An der Position: Meist stehen AFB 1-Aufgaben ganz am Anfang der Arbeit. Sind die einzelnen Aufgaben in Teilaufgaben unterteilt, ist die erste meist eine AFB1-Aufgabe.

An folgenden Schlüsselwörtern: Aufgaben aus dem AFB 1 sind häufig durch bestimmte Operatoren gekennzeichnet. Zu diesen zählen beispielsweise Nennen, Aufzeigen, Skizzieren, Herausarbeiten, Wiedergeben und Zusammenfassen. Wenn du eines dieser Wörter in der Aufgabenstellung wiederfindest, ist das meist ein Zeichen für den AFB 1.

Der AFB 2 („mittel")

Der Anforderungsbereich 2 soll zeigen, ob die Schüler das gelernte Wissen nicht nur wiedergeben, sondern es auf konkrete Beispiele oder Probleme anwenden können. Hierbei geht es vor allem darum, Zusammenhänge herzustellen und das Grundwissen mit der gestellten Aufgabe zu verknüpfen.

Typische Aufgabenstellungen lauten beispielsweise:

„Erläutern Sie den historischen Kontext zu der Quelle."

„Ordnen Sie das Gedicht in die passende Epoche ein und erklären Sie, welche Merkmale ausschlaggebend sind."

„Weisen Sie die Konfliktmerkmale am Beispiel des Afghanistankonfliktes nach."

„Vergleichen Sie das vom Autor vorgestellte Medium mit anderen Medien Ihrer Wahl."

In Mathe umfasst der AFB 2 das Ausführen und Nachvollziehen mehrschrittiger Berechnungen. Außerdem musst du die Zusammenhänge zwischen der Aufgabe und der Rechnung erläutern können.

So erkennst du Aufgaben des AFB 2:

An der Position: Häufig folgen die AFB 2-Aufgaben direkt auf AFB 1-Aufgaben.

An folgenden Schlüsselwörtern: Zu den Operatoren, die diesen Anforderungsbereich kennzeichnen, zählen Analysieren, Erklären, Erläutern, Interpretieren, Vergleichen und Widerlegen.

Der AFB 3 („schwierig")

Oft heißt es, der Unterschied zwischen einem durchschnittlichen und einem herausragenden Schüler lasse sich im AFB 3 sicher erkennen: Hier trenne sich die Spreu vom Weizen, hier zeige sich, wer das Thema wirklich verstanden hat und wer nur auswendig gelernt hat. Das stimmt so aber nicht ganz: Auch auf diesen Aufgabentypus kannst du dich ganz entspannt vorbereiten, wenn du weißt, wie. Und genau das verrate ich dir im nächsten Kapitel.

Zunächst einmal möchte ich aber klarstellen, was in diesem „schwierigsten" Anforderungsbereich überhaupt verlangt wird: AFB 3-Aufgaben beinhalten neuartige Problemstellungen, die so im Unterricht noch nicht behandelt wurden. Das klingt erstmal schwierig, muss es aber gar nicht sein!

Ein gutes Beispiel dafür sind Aufgaben, bei denen du deine Meinung zu der Position des Autors darlegen oder zu einzelnen Aussagen begründet Stellung nehmen sollst. Diese zählen zum AFB 3 und sind für dich eine großartige Gelegenheit, Punkte zu sammeln. Denn hier steht die Subjektivität im Vordergrund: Stimmst du persönlich dem Autor zu, oder siehst du das anders? Und ganz wichtig: Warum?

Manchmal musst du auch nur sagen, ob dir das behandelte Gedicht gefällt oder nicht, oder ob du findest, dass die Karikatur die Botschaft (die du im AFB 2 erarbeitet hast) gut oder eher schlecht rüberbringt. Das ist oft eine reine Geschmacksfrage. Und der Lehrer darf diesen „Geschmack" (also deine eigene Meinung) nicht positiv oder negativ auslegen. Er darf dir keine schlechtere Note geben, nur weil er selbst eine andere Meinung hat. Das einzige, was er bewerten darf und auch muss, ist wie du deine Meinung begründest.

Und wie du das am besten machst, lernst du im nächsten Kapitel, wenn wir uns mit der konkreten Vorbereitung auf die einzelnen Anforderungsbereiche beschäftigen.

Mathe und die Naturwissenschaften sind ein kleiner Sonderfall: Hier muss man im AFB 3 Formeln herleiten, komplexe Argumentationen vorlegen, Hypothesen aufstellen und diese begründen und eigene Rechnungen erschließen, die einem im Unterricht noch nicht beigebracht wurden. Das ist nicht ganz so einfach, aber auch hier gibt es Möglichkeiten, sich zumindest einen Teil der Punkte zu sichern. Mehr dazu erfährst du im Kapitel „Der Sonderfall Mathe".

So erkennst du Aufgaben des AFB 3:

An der Position: AFB 3-Aufgaben sind meist die letzten Aufgaben der Arbeit oder die letzten Teilaufgaben einer Aufgabe.

An folgenden Schlüsselwörtern: Zu den typischen Operatoren in diesem Anforderungsbereich zählen Begründen, Bewerten, Stellung nehmen, Gestalten, Problematisieren, Diskutieren und Auseinandersetzen. [3] [4]

Mischaufgaben

Es kann auch Überschneidungen zwischen dem ersten und zweiten bzw. dem zweiten und dritten Anforderungsbereich geben. Das sind dann häufig komplexere Teilaufgaben, die man eigentlich noch weiter hätte unterteilen können. Solche Mischaufgaben solltest du grundsätzlich so behandeln, als wären es tatsächlich zwei Teilaufgaben: Beantworte zuerst den Teil der Fragestellung, der zum niedrigeren AFB zählt, und darauf aufbauend dann den Teil aus dem höheren AFB. Sonst kann es dir passieren, dass du dich auf den schwierigeren Teil konzentrierst und dann vergisst, den leichteren Teil aufzuschreiben – und das kostet wertvolle Punkte.

Die Verteilung

In großen Klausuren und Klassenarbeiten sowie in Prüfungen gibt es eine festgesetzte Größenverteilung der Anforderungsbereiche. Der AFB 1 stellt 30 Prozent der Gesamtarbeit dar, der AFB 2 50 Prozent und der AFB 3 20 Prozent. In Tests oder kleineren Arbeiten dagegen können diese Prozentzahlen stark verschoben sein. So bestehen etwa Vokabel- oder Topografietests meist nur aus dem ersten AFB. In anderen Tests wiederum wird eine reine Stellungnahme zu einem bestimmten Thema verlangt, dann handelt es sich ausschließlich um den AFB 3.

Das bringt uns zu folgender Erkenntnis: Es ist enorm wichtig, auf was für einen Test oder eine Arbeit du dich vorbereitest! Je besser du abschätzen kannst, welcher Anforderungsbereich dort überwiegen wird, desto besser kannst du auch dein Lernen dieser Schätzung anpassen. So vermeidest du, dass du dich auf Nebensächlichkeiten unnötig viel vorbereitest und den Schwerpunkt der Arbeit darüber vernachlässigst.

Doch wie kommt man nun zu einer fundierten Einschätzung?

Die ersten Anhaltspunkte sind die Benennung (Arbeit/Klausur oder Test?) sowie die angesetzte Zeit: Sind zwei oder mehr Schulstunden angesetzt, handelt es sich vermutlich um eine „richtige" Arbeit mit der klassischen Verteilung, während eine kurze Dauer von weniger als einer Stunde für einen Test spricht.

Im zweiten Schritt solltest du einen Blick in die bisher in diesem Fach geschriebenen Arbeiten und Tests werfen (es lohnt sich, immer eine Kopie zu Hause zu behalten…). Denn jeder Lehrer hat bestimmte Aufgabentypen, die er besonders gern stellt: Fragt er Grunddefinitionen ab? Will er Jahreszahlen oder Formeln genannt bekommen? Steht er auf Meinungsfragen? Je genauer du weißt, wie dein Lehrer tickt, desto zielgerichteter kannst du dich darauf vorbereiten.

Wenn du Kontakte zu Schülern aus höheren Jahrgängen hast, die dasselbe Fach beim selben Lehrer hatten, lohnt sich auch ein Gespräch mit ihnen: Oft haben sie noch gut in Erinnerung, welche Art von Aufgaben dort am häufigsten vorkam und was dem Lehrer besonders wichtig war.

Und last but not least: Frag deine Lehrer einfach direkt, worauf du den Schwerpunkt beim Lernen legen solltest. Nachdem sie ihren Standardspruch „Natürlich auf alles!" losgeworden sind, deuten die meisten Lehrer auf Nachfrage zumindest an, welche Bereiche besonders wichtig sind und welche du eher weglassen kannst. Und das ist eine äußerst wertvolle Information, die dir viel Zeit und Arbeit ersparen kann.

2.3 So bereitest du dich optimal für Arbeiten vor

Du kennst nun die einzelnen Anforderungsbereiche und weißt, wie du vor einem Test oder einer Klausur abschätzen kannst, welche Teilbereiche im Vordergrund stehen werden. Nun verrate ich dir, wie du dich am effizientesten auf die einzelnen AFBs vorbereitest.

Lerntechniken für den AFB 1

Der AFB 1 ist der wichtigste aller Bereiche. Warum? Nun, das Lernsystem mit den einzelnen Anforderungsbereichen gleicht einer Pyramide: Die Basis, also der untere Teil, ist der AFB 1, darauf baut der AFB 2 auf, und die Spitze stellt den dritten Anforderungsbereich dar. Für Klausuren oder Klassenarbeiten müssen wir diese Pyramide sowieso immer komplett fertig bauen, da dort immer alle drei Anforderungsbereiche vertreten sind. Bei Tests oder kleineren Arbeiten dagegen kommt der AFB 1 nicht immer vor. Aber du kannst trotzdem nicht einfach beim Mittelteil oder bei der Spitze anfangen – das wäre, als würdest du versuchen, bei einer Dosenpyramide die zweite Reihe zu bauen, obwohl die unterste fehlt. Du musst immer bei der Basis, sprich beim AFB 1, beginnen und kannst dann erst entscheiden, wie hoch die Pyramide werden soll. Du kannst keine Zusammenhänge herstellen, wenn du kein Faktenwissen hast. Du musst erst einmal die Nägel in die Wand hauen, bevor du die Fäden dazwischen spannen kannst. Was ich damit sagen will: Du musst dich immer zuerst auf den AFB 1 vorbereiten, bevor du an den AFB 2 und 3 denken kannst. Denn wie willst du eine fundierte Meinung abgeben, wenn du gar keine Ahnung vom Thema hast?

Es gibt aber noch einen zweiten Grund, weshalb der AFB 1 so wichtig ist: Hier kannst du in Klausuren leichte Punkte machen. Solange du die grundlegenden Fakten parat hast, kannst du die Aufgaben aus diesem Bereich beantworten und damit schon mal eine gute Basis für eine vernünftige Note legen.

Im Folgenden stelle ich dir Lerntechniken für den AFB 1 vor, mit denen du Informationen schneller und effektiver als bisher aufnehmen kannst. Es gibt natürlich Tausende von Büchern, Seminaren und Videos über Lerntechniken, die dieses Thema noch deutlich intensiver behandeln, als es in diesem Buch der Fall ist. Allerdings ist es auch ein Riesenaufwand, diese ganzen „Lerntechniken-Wälzer" zu lesen – und das widerspricht ja deinem Ziel, so viel Freizeit wie möglich herauszuholen. Deshalb habe ich hier meine Top 5 der besten Lernmethoden übersichtlich zusammengefasst, sodass du auf eine lange Recherche verzichten kannst.

Methode 1: Den Spaß am Lernen wiederentdecken

Es mag blöd klingen, aber Spaß am Lernen zu haben ist eine der besten Möglichkeiten, um mehr Informationen im Kopf behalten zu können.

Hast du dich schon einmal gefragt, warum du dir jeden Liedtext im Radio merken kannst, die Vokabeln aber nicht? Das hängt vor allem mit deiner inneren Einstellung zusammen. Musikhören verbindest du mit etwas Positivem, du beschäftigst dich freiwillig und oft damit, und prompt kannst du dir sogar die kompliziertesten fremdsprachigen Texte locker merken.

Zum Lernen für die Schule wirst du hingegen gewissermaßen gezwungen, und so verbindest du Lernen mit etwas Negativem. Das war nicht immer so: Bis zu deinem sechsten Lebensjahr hast du unglaublich viel gelernt und es hat dir sogar Spaß gemacht. Laufen lernen, Sprechen lernen – das war alles nicht leicht, aber du warst begeistert dabei und hast es locker geschafft. Auch bei der Einschulung warst du wahrscheinlich noch richtig stolz, dass du nun endlich in die Schule gehen und tolle Sachen lernen durftest. Im Laufe der ersten Jahre hat dann irgendwann die Ernüchterung eingesetzt, und du hast begonnen, Lernen als etwas Lästiges anzusehen. „Ist doch kein Wunder", denkst du vielleicht. „Ich hab einfach keinen Spaß mehr an der Schule, weil mir das ganze Lernen so schwer fällt." Dabei ist es genau umgekehrt: Das Lernen fällt dir schwer, weil du keinen Spaß mehr daran hast.

Dieses Problem ist gar nicht so leicht zu lösen, denn natürlich funktioniert es nicht, sich einfach an den Schreibtisch zu setzen und sich vorzunehmen, jetzt sofort Spaß am Lernen zu haben. Und ich will jetzt nicht auch damit anfangen, dass du dankbar sein solltest, dass du überhaupt eine Schule besuchen kannst, da andere Kinder auf der Welt gar nicht die Möglichkeit dazu haben – auch wenn das natürlich stimmt. Aber fang doch mal damit an zu versuchen, das Interessante im Lernstoff zu finden. Denn häufig sind die Themen an sich überhaupt nicht langweilig, sondern werden nur schlecht vermittelt. Das musst du ganz klar voneinander trennen.

Sobald du nämlich feststellst, dass ein paar Aspekte eigentlich ganz interessant sind, verändert sich nach und nach deine Einstellung: Zuerst sind es nur ein einzelne Punkte, die du spannend oder nützlich findest. Mit denen beschäftigst du dich nun bereitwilliger. Nach und nach fällt dir dann auf, dass angrenzende Themen jetzt auch viel mehr Sinn ergeben und eigentlich auch gar nicht so öde sind – und so weiter. Und mit der Zeit wird dir der Umgang mit diesem Fach immer mehr Spaß machen, und du wirst dir den Stoff viel besser merken können.

Wenn mir das nicht so einfach gelingen wollte, habe ich manchmal einen Trick benutzt, der albern klingen mag, aber bei mir super funktioniert hat: Stell dir einfach vor, du wärst jemand, den das Thema wirklich interessieren würde und der sich wirklich gut damit auskennt. Nehmen wir mal an, dass Mathe dein schlimmster Albtraum ist. Du weißt ganz genau, dass du nie etwas in dieser Richtung machen willst, und von daher wirst du den ganzen Kram mit ziemlicher

Sicherheit auch nie wieder brauchen. Kurz gesagt: Du interessierst dich einen Scheiß für Mathe. Aber Albert Einstein ist doch schon beeindruckend oder? Auch diese ganzen Wissenschaftler aus den Filmen sind doch wirklich cool, wenn sie ihre Tafeln mit irgendwelchen Formeln vollschreiben, die kein Normalsterblicher versteht, und so mal eben die Welt retten. Stell dir nun einfach vor, dass du auch so jemand bist. Nimm dir eine Aufgabe vor und tue so, als wäre sie hochkomplex, und du wärst der große, brillante Wissenschaftler, der dieses Problem nun mathematisch löst und somit die Welt rettet. Klingt albern, ich weiß, aber es funktioniert tatsächlich.

Das geht natürlich nicht nur in Mathe, sondern klappt in anderen Fächern genauso gut: Wenn du etwa in Geschichte oder Politik ein komplexes Thema lernen musst, stelle dir doch einfach vor, dass du ein großer Historiker oder Politiker bist und deine Zuhörer darauf warten, dass du ihnen erklärst, wie das eigentlich alles funktioniert. Und in Deutsch gab bei mir zu Hause immer wieder „der große Literaturkritiker und Philosoph Tobias Brandt" (das war natürlich ich) seine geschätzte Meinung über ein bestimmtes Buch oder Thema zum Besten. Ich habe mir dann vorgestellt, die Welt hinge gespannt an meinen Lippen, während ich meine „Nathan der Weise"-Interpretation vorstellte. Manchmal habe ich mich sogar selbst in einer Talkshow als Experte angekündigt, um dann mein Wissen zu präsentieren. Nimm dich ruhig viel zu wichtig – es macht einfach mehr Spaß, für etwas zu lernen, wenn du dir dabei vorstellst, der absolute Experte zu sein, anstatt die Realität zu sehen, in der du schon in der achten Klasse an den Grundrechenregeln hängengeblieben bist. Und wenn du dir am Ende den Experten selbst abgekauft hast, hast du alles richtig gemacht.

Methode 2: Das Gelernte verstehen

Gehörst du auch zu den Schülern, die sich vor der Klausur Tausend Mal ihre Notizen durchlesen und hoffen, sich den Stoff so besser merken zu können? Vergiss es – das ist nicht nur zeitaufwändig, sondern auch ineffektiv. Denn Lesen ist oft ein ziemlich passiver Vorgang, das heißt man macht sich nicht wirklich Gedanken über das, was man liest. Das kennst du bestimmt auch von langweiligen Lektüren: Es ist überhaupt kein Problem, komplette Kapitel zu lesen, ohne dass auch nur ein Wort davon im Gehirn ankommt.

Die bessere Alternative heißt „aktives Lernen". Es gibt etliche Studien, die belegen, dass diese Methode schneller zum Erfolg führt und zusätzlich dazu beiträgt, dass man sich das Gelernte auch langfristig merken kann.

Doch wie lernt man aktiv? Beispielsweise indem du dir selbst Fragen zu einem Thema stellst und sie dann beantwortest. Setze dich wirklich mit dem Thema auseinander und hinterfrage Dinge. Dazu eignen sich die berühmten W-Fragen Was? Wie? Wo? Wann? und vor allem Warum? Wenn du alle diese Fragen beantworten kannst, hast du schon einmal einiges geschafft. Und bevor du jetzt anmerkst, dass die Warum-Frage ja gar nicht mehr zum AFB 1 gehört: Das stimmt, aber du wirst dir die Fakten trotzdem besser merken können, wenn du den Zusammenhang begriffen hast, deshalb lohnt es sich auch für den AFB 1, sich damit zu beschäftigen. Und ganz nebenbei legst du schon einen wichtigen Grundstein für den AFB 2 und kannst es dort entspannter angehen lassen. Effektiver geht es doch kaum!

Bei dieser Methode macht es – anders als bei Hausaufgaben – übrigens durchaus Sinn, Eltern, Geschwister oder Freunde einzubeziehen: Bitte sie, sich ein paar Minuten zu dir zu setzen, und erkläre ihnen, wie es zum ersten Weltkrieg kam oder wie man bestimmte Wahrscheinlichkeiten berechnet. Du wirst dabei ganz schnell merken, wie sicher du mit der Thematik schon bist und an welchen Punkten du ins Straucheln kommst – und die kannst du dir dann gezielt noch einmal vornehmen. Wenn es im anstehenden Test nur ums Auswendiglernen geht, kannst du deinem „Lernpartner" auch einfach den Hefter in die Hand drücken, damit er dich gleich berichtigen kann, wenn irgendetwas falsch ist oder du etwas vergessen hast.

Methode 3: Kurz, aber häufig lernen

Etliche Studien zeigen: Kurze, aber häufige Lerneinheiten sind viel effektiver und nachhaltiger, als sich am Abend vor der Klausur fünf Stunden am Stück den Unterrichtsstoff in den Kopf zu prügeln.

Erstens wirst du dich viel leichter zum Lernen motivieren können, wenn du weißt, dass es nur um etwa eine halbe Stunde am Tag geht und du danach noch genügend Freizeit als Ausgleich haben wirst.

Ein zweiter Vorteil ist, dass deine Aufnahmekapazität beim Lernen immer hoch ist. Wenn du einen ganzen Tag lang über den Büchern sitzt, geht nach einer Weile gar nichts mehr, weil die Konzentration nachlässt. Verteilst du das Lernen dagegen auf kurze Einheiten, bleibst du immer voll bei der Sache – und lernst in weniger Zeit mehr.

Und drittens profitierst du vom Wiederholungseffekt: Es ist erwiesen, dass einmaliges Lernen nicht genügt, um Wissen im Langzeitgedächtnis zu verankern. Das kennst du bestimmt von Vokabeltests: Wenn du dir am Abend vor dem Test zwei Stunden lang Vokabeln reinprügelst, weißt du eine Woche später so gut wie nichts mehr davon. Dein Gehirn speichert die Informationen nämlich zunächst nur im Kurzzeitgedächtnis. Erst wenn sich eine Information als wichtig erweist, etwa weil du dich immer wieder damit beschäftigst, überträgt dein Gehirn sie ins Langzeitgedächtnis. Da du die Vokabeln aber nur ein einziges Mal gelernt hast, geht dein Gehirn davon aus, dass sie ja wohl nicht so wichtig sein können, und löscht sie wieder. Dieses „Lernen für den Papierkorb" kostet Zeit und bringt dir gar nichts.

Gehst du deine Vokabeln aber fünf Tage lang jeweils nur zehn, fünfzehn Minuten lang durch, landen sie bald im Langzeitgedächtnis, und du kannst sie jederzeit abrufen. Hinzu kommt, dass wir Gelerntes vor allem während des Schlafens im Gehirn verankern. Das Sprichwort: „Da muss ich erst einmal eine Nacht drüber schlafen" hat also durchaus seine Berechtigung.

Doch zurück zum eigentlichen Thema: Langfristiges Lernen zahlt sich also vielfach aus. Wie langfristig die Vorbereitung aussehen sollte, hängt dabei von folgenden Faktoren ab:

Der wichtigste Faktor ist, **wie gut du das Thema beherrschst**: Kannst du eigentlich alles und musst dir vielleicht nur noch ein paar Zusatzinformationen heraussuchen, mit denen du Extrapunkte bekommst? Oder warst du in den vergangenen Wochen körperlich oder geistig abwesend und hast überhaupt nichts vom Unterricht mitgekriegt? Dann solltest du besser früh mit dem Lernen anfangen.

Wichtig ist auch, **wie dir das Fach grundsätzlich liegt**. Wenn du ein absolutes Mathe-Ass bist, ist auch eine längere Krankheitsperiode womöglich gar nicht schlimm, weil du ein gutes mathematisches Grundverständnis besitzt und dir den Stoff schnell aneignen kannst. Liegt dir das Fach hingegen überhaupt nicht, musst du generell mehr Zeit einplanen, egal um welches Thema es sich handelt.

Eine weitere Frage, die du dir stellen musst, dreht sich um den **Umfang des Tests oder der Arbeit**: Wie viel muss ich überhaupt lernen? Selbst wenn das Thema an sich ganz einfach ist, kann sehr viel Lernstoff damit verbunden sein, sodass du doch länger brauchst. Ein gutes Beispiel hierfür ist Geschichte: An sich ist es kein wirklich schwieriges Fach, und auch die Themen sind recht gut zu verstehen. Allerdings muss man häufig sehr viele Fakten auswendig lernen – Jahreszahlen, Abläufe, beteiligte Nationen, Verträge und ihre Inhalte... All das braucht Zeit, bis es in deinem Kopf verankert ist.

Und vergiss bitte nicht, auch deine **außerschulischen Termine** bei deinen Überlegungen zur Dauer der Vorbereitung zu berücksichtigen: Wenn du kurz vor der Arbeit ein Bewerbungsgespräch hast, zum Geburtstag deiner Oma gehen musst und auch noch ein Arztbesuch ansteht, solltest du bedenken, dass du an den betreffenden Tagen vermutlich nicht viel Zeit zum Lernen haben wirst. Also fang lieber entsprechend früh an.

Erwarte **das Unerwartete**: Es kann immer irgendetwas dazwischen kommen. Plane deshalb immer ein bisschen mehr Zeit ein als notwendig, damit du nicht doch noch kurzfristig sehr viel lernen musst.

Wie du siehst gibt es allerhand Einflussfaktoren, die bei der Länge der Vorbereitung eine Rolle spielen. Auf die Frage, wann du mit dem Lernen anfangen solltest, gibt es also keine pauschale Antwort. Ich persönlich habe mir vor Tests eine Vorbereitungszeit von ca. einer Woche genommen und täglich etwa 20-30 Minuten investiert. Für größere Arbeiten und Klausuren lag meine Vorbereitungszeit im Schnitt bei drei bis vier Wochen. Das hört sich viel an, aber ich habe ja nicht drei, vier Wochen lang von morgens bis abends gelernt, sondern jeden Tag nur ein kleines Stück. Das wird mit der Zeit zur alltäglichen Gewohnheit und lässt sich prima mit einem entspannten Lebensstil vereinbaren.

Methode 4: Einen Lernplan aufstellen

Du merkst, ich bin ein Fan von Plänen! Und das aus gutem Grund: Pläne schaffen Überblick – und Überblick ist der Schlüssel zum entspannten und effektiven Lernen.

Der Lernplan ähnelt sehr dem Hauaufgabenplan für Prioritätsaufgaben, den ich dir im ersten Teil des Buches vorgestellt habe. Auch hier gibt es wieder einen langfristigen und einen kurzfristigen Plan. Der zentrale Unterschied ist, dass dein langfristiger Lernplan in der Regel eine größere Zeitspanne umfasst: Bei den Hausaufgaben war es nur eine Woche, beim Lernplan kann es je nach Art und Umfang der Arbeit deutlich mehr sein, denn eine Woche Vorbereitungszeit ist ja die absolute Untergrenze.

Schreib deine Lernpläne für Tests und Klausuren am besten immer direkt, sobald diese angekündigt wurden. Das passt in der Regel gut, denn je umfangreicher ein Test oder eine Klausur ist, desto früher geben die Lehrer den Termin bekannt – bis hin zu den Abschlussprüfungen, bei denen der genaue Tag schon Monate oder sogar Jahre im Voraus feststeht. Und keine Sorge: Nur weil du schon früh anfängst zu planen, heißt das nicht, dass du auch schon so früh anfangen musst zu lernen! Wichtig ist nur, dass du dir möglichst früh Gedanken machst, wie viel du lernen musst und wie lange du dafür brauchen wirst. So gibt es am Ende keine bösen Überraschungen.

Berücksichtige bei deinem Lernplan auch alle Faktoren, die deine Zeit für die Prüfungsvorbereitung schmälern könnten. Ich brauchte zum Beispiel zeitgleich zur Lernphase für das Abi auch noch Kapazitäten, um eine Facharbeit zu schreiben. Aber auch im außerschulischen Bereich kann so etwas vorkommen: Wenn du beispielsweise neben der Schule Theater spielst und im nächsten Stück eine Hauptrolle hast, dann solltest du berücksichtigen, dass du wegen der vielen Proben und Aufführungen weniger Zeit zum Lernen haben wirst. Oder vielleicht bist du Sportler und wirst an einem wichtigen Wettkampf teilnehmen, für den du trainieren musst. All das solltest du einrechnen, wenn du deinen Lernplan aufstellst, damit du alles ohne Stress unter einen Hut bekommst.

Wie du mit kurzfristigen und unangekündigten Tests umgehst

Natürlich gibt es auch Tests, die sehr kurzfristig angekündigt werden, sodass du nicht einmal die eine Woche Vorbereitungszeit hast, die ich oben als Minimum genannt habe. Deshalb solltest du auch nie deine komplette Zeit verplanen, sondern immer Reserven für Unvorhergesehenes lassen, damit du trotzdem noch genügend Zeit hast, dich dafür vorzubereiten.

Und dann gibt es noch komplett unangekündigte Tests. An jeder Schule gibt es Lehrer, die es ganz besonders lustig finden, ihre Tests nicht anzukündigen. Doch auch hier kannst du Präventivmaßnahmen ergreifen. Denn auch unangekündigte Tests kommen in der Regel nicht völlig aus heiterem Himmel: Meist gibt es durchaus Zeichen, die einem zeigen, dass es jetzt bald einen Test geben könnte. Du musst nur lernen, diese Zeichen zu erkennen.

Wenn ihr beispielsweise ein Zwischenthema abgeschlossen habt, ist ein Test in der nächsten Stunde ziemlich wahrscheinlich, auch wenn er nicht explizit angekündigt wurde. Kurz zuvor macht der Lehrer im Unterricht meist eine Art Zusammenfassung oder Rückschau auf das Thema oder den Inhalt der vergangenen Stunden, und wird mehrmals sichergehen wollen, ob ihr auch wirklich alles verstanden habt. Das ist immer ein Alarmsignal!

Auch Andeutungen wie „Das solltet ihr euch gut merken!" können ein Hinweis auf einen anstehenden Test sein. Wenn du aufmerksam zuhörst und auch mitbekommst, was der Lehrer zwischen den Zeilen sagt, wirst du rasch lernen, unangekündigte Tests regelrecht zu riechen – und das kannst du dann zu deinem Vorteil nutzen.

Blättere ruhig auch mal in deinem Schulbuch, das sich ja nach den Lehrplänen richtet, etwas weiter vor, um zu sehen, ob das aktuelle Thema bald abgeschlossen ist. Denn auch dann ist ein abschließender Test zu diesem Thema sehr wahrscheinlich!

Und hör dich ruhig auch bei Mitschülern um, ob sie glauben oder vielleicht sogar wissen, dass der Lehrer bald einen Test schreiben wird. Vertraue dabei aber bitte auf zuverlässige Schüler und nicht auf diejenigen, die auch glauben, dass die Abiklausur wegen eines Gewitters ausfallen könnte...

Und falls es wirklich überhaupt gar keine Möglichkeit gab, den Test zu erahnen, dann sollte dieser auch ohne Vorbereitung machbar sein. Ansonsten könnte ja keiner (außer natürlich den Strebern in der Klasse) eine gute Note schreiben – und das ist meist auch nicht im Interesse des Lehrers.

Methode 5: Skizzen, Fließdiagramme und Co.

Texte zu lesen und alle wichtigen Dinge zu markieren ist nicht verkehrt, aber meist bringt es überhaupt nichts, wenn du das Markierte nicht noch in irgendeiner Form in Zusammenhang bringst und dich aktiv mit dem Thema auseinandersetzt. Hierfür sind einfache Stichpunkte nur mittelmäßig geeignet, denn dabei schreibt man in der Regel das Markierte einfach nur ab.

Viel besser eignen sich hierfür jegliche Arten von grafischen Darstellungen wie Fließdiagramme, Tabellen und Skizzen: Sie ordnen die wesentlichen Schlagworte ein und erstellen mit Pfeilen und Symbolen Zusammenhänge zwischen ihnen – und genau das brauchst du, um das Thema in deinem Gehirn zu verankern. Dabei ist es nicht wichtig, dass du jedes Detail berücksichtigst: Konzentriere dich lieber darauf, die wichtigsten Begriffe miteinander in Beziehung zu bringen. Anschließend kannst du dann immer noch Details ergänzen oder einzelne Aspekte in Extraskizzen näher erklären.

Ein Beispiel aus meiner eigenen Klausurvorbereitung:

Als wir uns in Geschichte mit dem Zweiten Weltkrieg beschäftigten, spielten die Kriegs- und Nachkriegskonferenzen eine wesentliche Rolle. Insgesamt behandelten wir fünf Konferenzen, zu denen wir jeweils die Teilnehmer, die Beschlüsse und die zeitliche Einordnung wissen mussten.

Zunächst einmal brachte ich sie in Form eines Fließdiagramms in Beziehung zueinander. Auch die Jahreszahlen habe ich dort gleich dazugeschrieben. (Falls du dich fragst, warum ich nur bei der Potsdamer Konferenz die genaue zeitliche Einordnung notiert habe: Das liegt daran, dass ich im Unterricht mitbekommen habe, dass nur bei dieser Konferenz der genaue Zeitraum wichtig war. Auf solche Hinweise solltest du auch immer achten, damit du dir überflüssige Lernarbeit ersparst.)

Du fragst dich jetzt vielleicht: Was soll das alles? Hier liegt doch gar kein Verständnisproblem vor, wenn es nur darum geht, die Konferenzen auswendig zu lernen. Warum solltest du das dann alles noch mit Pfeilen verbinden?

Nun, die grafische Darstellungsform hat immer Vorteile gegenüber dem bloßen Untereinanderschreiben – ganz gleich ob du ein Verständnisproblem lösen oder Fakten auswendig lernen sollst – so lässt es sich deutlich einfacher lernen! Denn erst einmal verinnerlichst du schon beim geordneten Aufschreiben die zeitliche Reihenfolge, und außerdem ist es viel leichter, die Begriffe zu lernen, wenn sie optisch gut voneinander getrennt auf dem Papier stehen anstatt nur mit Kommata aneinandergereiht. Und man kommt man auch viel leichter auf kreative Ideen, zum Beispiel aus den Anfangsbuchstaben der Konferenzen ein Kunstwort wie „ACTJaPo" zu bilden, das man tatsächlich aussprechen oder sich aus anderen Gründen gut merken kann. Schreib es am besten gleich neben deine Grafik. Wetten, du erinnerst dich beim nächsten Mal daran? Und prompt hast du die Reihenfolge gespeichert.

Ein schönes Beispiel dafür, wie gut solche Eselsbrücken funktionieren, hat mir mal ein Kumpel erzählt. Bei ihm stand im Chemieunterricht eines Tages das seltsame Wort „METHPROB" in der oberen rechten Tafelecke. Anfangs beachtete es keiner. Aber das Wort blieb stehen – und mit der Zeit fingen die Schüler an zu rätseln, was der seltsame Begriff wohl bedeuten könnte. Schließlich fragten sie den Lehrer, der aber nur grinste und mit den Schultern zuckte. Das machte es natürlich noch interessanter. Nach vier Wochen löste er das Rätsel schließlich auf: METHPROB stand ganz einfach für die korrekte Reihenfolge der ersten vier Alkane Methan – Ethan – Propan – Butan. Und die hat in dieser Klasse prompt niemand mehr vergessen, auch nach Jahren nicht.

So, nun aber zurück zum Thema, den Nachkriegskonferenzen. Durch mein Fließdiagramm hatte ich im ersten Schritt die wesentlichen Begriffe miteinander in Beziehung gebracht (in diesem Fall war die Beziehung die zeitliche Reihenfolge). Wir sollten aber auch die Beschlüsse der einzelnen Konferenzen kennen. Und das war gar nicht so einfach, denn diese waren teilweise sehr ähnlich, und ich konnte anfangs schlecht auseinanderhalten, welche Beschlüsse jetzt zu welcher Konferenz gehörten. Deshalb habe ich mir im zweiten Schritt für jede Konferenz eine kleine Skizze angefertigt, aus der die wesentlichen Beschlüsse hervorgingen. Und ob du es glaubst oder nicht: Danach hatte ich alles innerhalb von zehn Minuten drauf.

Ich zeige dir nun exemplarisch am Beispiel der Konferenz von Casablanca, wie so eine Skizze/Übersicht aussehen kann.

Zunächst einmal: Was passierte überhaupt auf der Konferenz von Casablanca? Also was war der Lernstoff?

Auf der Konferenz von Casablanca verständigten sich die Regierungschefs Großbritanniens (Winston Churchill) und der USA (Franklin D. Roosevelt) über die bedingungslose Kapitulation Deutschlands, Italiens und Japans. Außerdem wurde in Casablanca beschlossen, dass die alliierten Truppen im Sommer 1943 auf Sizilien landen sollten, und im darauffolgenden Jahr (1944) könne dann die Invasion in Frankreich stattfinden.

Soviel zu den Fakten. Und so sah meine Zeichnung für die Konferenz von Casablanca dann aus:

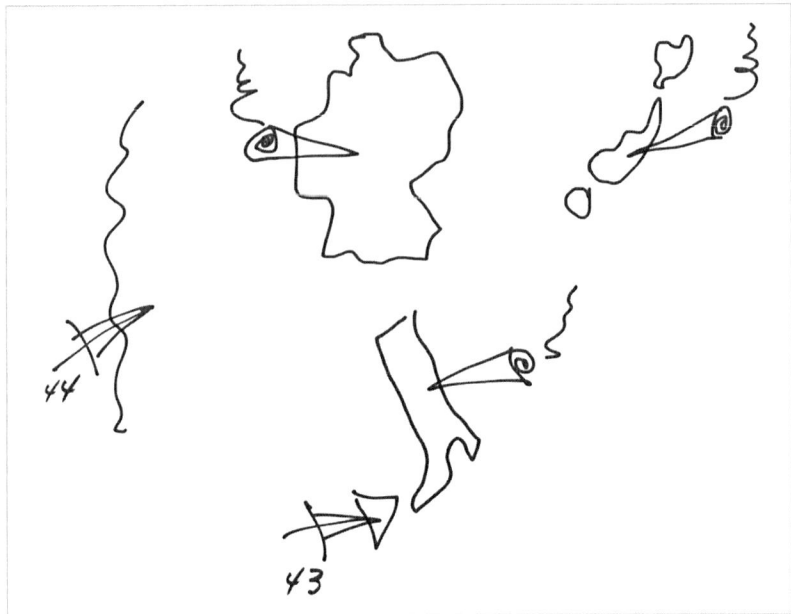

Lach ruhig, aber dank dieses Krickelkrakels habe ich eine Eins in dem Test über die Konferenzen bekommen und eine Zwei plus in der späteren Klausur, bei der sie noch einmal eine wichtige Rolle spielten. Das Geheimnis ist, dass ich genau wusste, was meine Kritzeleien bedeuten sollten.

Also: Was habe ich mir dabei gedacht? Nun, erst einmal habe ich die beteiligten Länder skizziert: Oben in der Mitte ist Deutschland, darunter Italien (der Stiefel). Die Inselkette rechts steht für Japan. Ich weiß nicht warum, aber irgendwie verbinde ich Casablanca gedanklich mit Cannabis. Also habe ich Deutschland, Italien und Japan mit skizzierten Joints versehen, die die Forderung der bedingungslosen Kapitulation darstellen sollten: Nach dem ganzen Ärger, den sie verursacht hatten, sollten diese Länder dringend mal eine Auszeit nehmen und chillen, dachte ich mir.

Die Schwerter stehen für die geplanten Invasionen, einmal auf Sizilien (das kleine Dreieck vor der Stiefelspitze Italiens, klar erkennbar an der Lage) und einmal an der Westgrenze Europas (das ist die komische Wellenlinie links), sprich Frankreich. Die geplanten Invasionsdaten habe ich auch noch dazugeschrieben, die haben sich dann wie von selbst eingeprägt. Zum Schluss habe ich mir dann nur noch vorgestellt, dass Roosevelt und Churchill in Casablanca ein Pfeifchen rauchten (das passte vom gedanklichen Bild her auch schöne zu den Joints...) und Stalin lieber zuhause beim russischen Wodka blieb, und schon war alles klar.

Du kannst es jetzt an dieser Stelle auch direkt mal ausprobieren: Sieh dir die Zeichnung an und gehe im Kopf die Beschlüsse durch – ohne zu den Fakten zurückzublättern. Wenn es geklappt hat, legst du auch die Zeichnung weg (die hast du ja jetzt schon im Kopf!) und sagst dann die Konferenz einmal komplett auswendig auf. Und fertig! Schon hast die Konferenz von Casablanca drauf.

Du kannst solche Zeichnungen zu allen Themen anfertigen, in jedem Fach. Sie sind extrem hilfreich, um sich Dinge zu merken, bei denen man aus irgendwelchen Gründen Schwierigkeiten mit dem Auswendiglernen hat. Wichtig ist, dass du deine eigenen Assoziationen nutzt: Woran denkst du spontan als erstes im Zusammenhang mit der Fragestellung? Und genau das nutzt du als Aufhänger für die Zeichnung – egal wie sinnvoll oder sinnlos es erscheinen mag. Wahrscheinlich assoziiert auch niemand außer mir Casablanca mit Cannabis – aber das ist egal, denn ICH tue es, und das hat genügt, damit ICH es mir merken konnte. Verwandle also deine erste Assoziation in eine Zeichnung, die alle wesentlichen Informationen enthält.

Überleg auch nicht lange, wie du deine Skizze am besten gestalten könntest, sondern fang einfach an: Wenn du ewig an der Zeichnung sitzt, verfehlt das auch wieder den Zweck, Zeit zu sparen. Deine Skizze muss ja nicht künstlerisch wertvoll sein, sondern einfach nur nützlich für dich – alles andere ist unwichtig.

Und last but not least: Es ist immer gut, wenn die Skizze ein bisschen lustig ist, da man sich Sachen immer besser merkt, wenn man Spaß daran hat. Die Zeichnung muss auch nicht korrekt sein: Wenn du mal genau hinsiehst, wirst du feststellen, dass ich Deutschland mit den heutigen Grenzen skizziert habe. Im Jahr 1943 sahen die noch ganz anders aus. Aber wenn ich an Deutschland denke, sehe ich es nun mal in den heutigen Grenzen vor mir, und deshalb habe ich es auch so gezeichnet – die Hauptsache ist ja, dass ich auf Anhieb weiß, dass es Deutschland sein soll.

Wann und wie du für den AFB 2 lernen solltest

Wie du sicherlich gemerkt hast, setzen viele meiner Tipps für den AFB 1 voraus, dass du dir die Zusammenhänge verdeutlichst, weil du dir Fakten dann viel besser merken kannst. Die gute Nachricht: Dadurch hast du dich automatisch auch schon auf den AFB 2 vorbereitet. Somit haben wir zwei Fliegen (bzw. zwei Anforderungsbereiche) mit einer Klappe geschlagen. Und für einen gewöhnlichen Test reicht das auch vollkommen aus – da musst du gar nicht mehr tun.

Bei größeren Klausuren oder Klassenarbeiten dagegen lohnt es sich schon, sich noch einmal speziell auf den AFB 2 vorzubereiten, denn er macht oft einen Großteil der Fragen aus und bringt entsprechend viele Punkte. Es gibt zwei sinnvolle Dinge, die du zur Vorbereitung tun kannst:

Praktische Übung

Im AFB 2 geht es ja darum, Beziehungen zwischen dem Gelernten herzustellen und auf Beispiele anzuwenden. Und genau darauf kommt es in den meisten Klausuren an: Beispiele. Du musst als Vorbereitung jetzt nicht Tausende von Übungen absolvieren, aber ein paar sollten es schon sein, damit du Routine bekommst.

Wichtig ist, dass du erkennst, wie die Übungen aufgebaut sind, so-dass du bei dem Test oder bei der Klausur keine böse Überraschung erlebst. Schaue dir dafür alte Tests und Klausuren an und recherchiere im Internet. Hier findest du auch immer vielseitige Übungen, die du super nutzen kannst.

Du wirst schnell erkennen, dass die meisten Übungen sehr ähnlich aufgebaut sind und eigentlich nur über Umwege dein Wissen abfra-gen wollen. Wenn du einige absolviert und den Aufbau verstanden hast, ist die Testaufgabe meist nur noch das Gleiche in grün.

The Big Picture

Um die Zusammenhänge zwischen den gelernten Fakten noch bes-ser zu verinnerlichen, sieh dir passende Filme und Youtube-Videos zum Thema an. Sie können das Lernen nicht ersetzen (dazu ist das Ansehen zu passiv, und außerdem richten sich Filme in der Regel nicht nach den Lehrplänen, sodass überhaupt nicht alle für den Test wichtigen Informationen enthalten sind), aber sie eignen sich super, um sich ein Grundverständnis der großen, übergreifenden Zusam-menhänge anzueignen.

In Geschichte beispielsweise half mir die DVD-Reihe „The World Wars" extrem weiter: Dic insgesamt fünfeinhalb Stunden Filmmate-rial behandeln die Zeit zwischen 1914 und 1945, also die zwei Welt-kriege sowie die Weimarer Republik, und zwar als Mischung aus Do-kumentation und Spielfilm: Es gibt nachgestellte Kriegsszenen und Dialoge mit Schauspielern, allerdings wird die Filmreihe auch von einem Kommentator begleitet, und zwischendurch sprechen Histori-ker. Dadurch ist die Serie spannend wie ein Kinofilm und gleichzei-tig enorm informativ. Besser geht es nicht! Denn du weißt ja: Wenn etwas Spaß macht, lernst du es auch schneller. Andere vergleichbare hilfreiche Videos, auch für andere Fächer, werde ich dir im Kapitel *Das geheime Zusatzmaterial zum Erfolg* noch näher vorstellen.

Wann und wie du für den AFB 3 lernen solltest

Wenn du meine Tipps bisher befolgt hast, brauchst du auch für den AFB 3 meistens keine besondere Vorbereitung. Denn wenn du ein Thema wirklich durchdrungen hast – und das tust du ja, wenn du dich auf den AFB 1 und 2 vorbereitest -, hast du meistens auch schon eine Meinung dazu.

Falls du Probleme damit hast, dir eine eigene Meinung zu bilden, schau dir mal ein paar Talkshows und Fernsehdiskussionen zum Thema an: Dort stellen verschiedene Fachleute ihre Positionen vor und verteidigen sie. Das hat nicht nur den Vorteil, dass du dir leichter eine Meinung bilden kannst, sondern du bekommst auch gleich Argumente dafür geliefert. Und das ist enorm wichtig! Denn wie schon bei der Erklärung des dritten Anforderungsbereiches angesprochen, darf der Lehrer nicht deine Meinung bewerten, sondern nur, wie du sie verteidigst. Und das geht nun einmal am besten mit Argumenten und Beispielen. Und ein, zwei schlau klingende Studien machen sich auch immer gut, um noch überzeugender zu wirken.

Ich würde mir aber nicht nur Argumente und Beispiele für deine eigene Meinung heraussuchen, sondern auch für die gegnerische Seite. Zum einen kennst du dann die gegnerischen Argumente schon und kannst sie leichter entkräften. Und zum anderen ist es gut möglich, dass du plötzlich die gegnerische Meinung annehmen musst. „Wieso soll ich denn eine Meinung annehmen, die meiner eigenen gar nicht entspricht?", wirst du dich nun vielleicht fragen. Nun, nehmen wir einmal an, das Thema lautet „Atomkraftwerke". Du bist aus tiefster Überzeugung heraus strikt gegen Atomkraftwerke und hast dir viele Argumente herausgesucht, die zeigen sollen, wie schlecht sie sind. Nun bekommst du in der Klausur eine Quelle und sollst Stellung dazu beziehen. Der Autor ist auch gegen Atomkraftwerke und nennt schon fast alle Argumente, die du dir so schön zurechtgelegt hast. Was willst du dann noch machen? Die Argumente noch einmal zu unterstützen und vielleicht mit Beispielen zu bekräftigen ist zwar legitim, aber wenn du eigentlich nur wiederholst, was der Autor schon gesagt hat, gibt es kaum Punkte für die eigene Meinung. Merk dir: Es ist in Klassenarbeiten immer besser, eine andere Meinung als der Autor zu haben! So kannst du seine Argumente widerlegen und komplett neue Aspekte hinzufügen. Der Lehrer sieht viel mehr eigene Leistung und merkt, dass du dich mit dem Thema auseinandergesetzt hast. Also bist du halt während der Klausur mal für Atomkraftwerke, na und? Du kannst ja danach wieder gegen Atomkraftwerke auf die Straße gehen, aber in der Schule geht es nun mal primär um deine gute Note.

Natürlich gibt es auch gewisse Grenzen: Wenn ein Historiker in einem Text Hitler als größten Tyrannen des 20. Jahrhunderts bezeichnet, ist es vielleicht nicht die beste Idee, dem zu widersprechen und den Autobahnbau als Gegenargument anzuführen. Aber ich denke, so etwas versteht sich von selbst...

2.4 Der Sonderfall Mathe

„Mathe kann man entweder, oder man kann es nicht. Und wenn man von Natur aus nicht gerade ein absoluter Mathecrack ist, dann hilft nur noch stundenlanges Lernen, um sich gerade so auf eine Vier zu retten." So denken viele, aber das stimmt nur halb.

Klar gibt es Typen, die auf Anhieb alles in Mathe verstehen und so gut wie überhaupt nicht lernen müssen. Wenn du so einer bist, dann herzlichen Glückwunsch, für dich wird dieses Kapitel dann eher überflüssig sein, und du kannst es gerne überspringen. Alle anderen, normalen Menschen sollten jetzt allerdings gut aufpassen, denn auch in Mathe kann man mit recht geringem Aufwand gute und sehr gute Noten erreichen.

Dass es funktioniert, weiß ich aus eigener Erfahrung: In der 10. Klasse stand ich in diesem Fach auf einer glatten Vier und habe mich nur durch eine Prüfung, für die ich wirklich viel gelernt habe, gerade so auf eine Drei retten können. Aber so viel Zeit wollte ich auf Dauer nicht investieren. Zum Glück habe ich schnell begriffen, worauf es in diesem Fach ankommt. Ab der 11. Klasse stand ich dann ohne großen Aufwand auf einer Zwei plus, und darauf bin ich heute noch stolzer als auf jede Eins. Denn ich bin echt kein mathematischer Typ: Ob räumliches Denken, analytische Fähigkeiten oder einfaches Rechnen – das alles liegt mir überhaupt nicht, und ehrlich gesagt interessiert es mich auch einfach nicht.

Mit dieser Einstellung scheine ich übrigens nicht der Einzige zu sein: In Deutschland geben Eltern jährlich 1,5 Milliarden Euro für den Nachhilfeunterricht aus, und Spitzenreiter bei den Fächern ist laut des Verbandes der Nachhilfeinstitute immer wieder Mathe. Auch den Platz des unbeliebtesten Faches bei den Schülern belegt Jahr für Jahr die Mathematik. Wenn du Mathe also nicht ausstehen kannst, tröste dich: Du bist nicht allein. Doch woher kommt diese große Ablehnung gegen das „Fach mit dem Pythagoras[5]"?

Nun, dafür gibt es mehrere Gründe. Einer davon ist, dass die Themen in Mathe stark aufeinander aufbauen: Wenn man einmal etwas nicht verstanden hat, wird man bei den folgenden Themen automatisch auch Probleme haben. Generell ist Mathe auch ganz anders aufgebaut als die anderen Fächer, und auch die Anforderungsbereiche sind hier völlig anders definiert als bei Deutsch, Englisch, Bio und Co.: Es gibt keine Vokabeln, die man auswendig lernt, und auch unter „Zusammenhänge erkennen" versteht man in Mathe etwas völlig anderes. Und eine eigene Meinung, die ja in anderen Fächern zum dritten Anforderungsbereich zählt, ist hier schon gar nicht gefragt. Und nicht zuletzt ist Mathe, so wie es in der Schule gelehrt wird, sehr theoretisch und abstrakt. Ich konnte mir nie vorstellen, was ich da eigentlich rechnen musste, geschweige denn wofür ich das Zeug irgendwann einmal brauchen könnte. Tipps wie „Das Gelernte verstehen" oder gar „Den Spaß am Lernen wiederentdecken" funktionieren da nur sehr bedingt.

Das Fach Mathe ist also ein Sonderfall, den wir anders angehen müssen. Und ich verrate dir jetzt, wie du das anstellst.

Schritt 1: Ablaufschemata für Berechnungen erstellen

Jede Rechnung in Mathe verläuft in einer bestimmten Reihenfolge, und es gibt Regeln, die du beachten musst. Den Großteil deiner Vorbereitungszeit solltest du deshalb darin investieren, diese Abläufe auswendig zu lernen und zumindest ansatzweise zu verstehen, was in welchem Schritt passiert. Wenn du tausende Übungsaufgaben rechnest, aber die allgemeingültige Vorgehensweise noch gar nicht verstanden hast, wirst du an jeder Aufgabe erneut verzweifeln und irgendwann frustriert aufgeben. Nimm dir deshalb unbedingt die Zeit, um die Reihenfolge der einzelnen Rechenschritte aufzuschreiben und auswendig zu lernen.

Wie so ein Ablaufschema aussehen kann, zeige ich dir kurz am Beispiel der Lagebeziehung zweier Geraden. Ich habe mir dafür folgendes Schema erstellt:

Lagebeziehung von Richtungsvektoren überprüfen

Test auf Kollinearität machen			
Wenn kollinear: Geraden sind parallel oder identisch		Wenn nicht kollinear: Geraden sind windschief oder schneiden sich	
Punktprobe machen: Kommt für Parameter in beiden Gleichungen dieselbe Zahl heraus?		Auf Schnittpunkt prüfen: Geradengleichungen gleichsetzen und Parameter berechnen. Ist das Ergebnis wahr?	
Ja: identisch	Nein: parallel	Ja: schneiden sich	Nein: windschief
		Zahl in eine der beiden Funktionen einsetzen, Schnittpunkt bestimmen	

Probiere das Ablaufschema anschließend an mindestens zwei einfachen Beispielen aus. Das kann am Anfang schwierig sein, gerade wenn man nichts von dem Thema versteht, aber zum Glück gibt es das Internet: Dort findest du viele Beispiele, um die Rechnung nachvollziehen zu können.

Wenn du feststellst, dass du noch mehr Zwischenschritte brauchst (im Beispiel oben etwa den Schritt, wie genau man die Kollinearität von Richtungsvektoren überprüft), dann nimm auch diese in deine Übersicht mit auf.

Schritt 2: Das Schema anwenden – auf Teufel komm raus

Wenn dein „Strickmuster" fertig ist und du es auswendig kannst, hast du schon viel geschafft – jetzt musst du es nur noch lernen, es anzuwenden. Nimm dir dazu ein paar Aufgaben dieses Typs (wenn du eh gerade Hausaufgaben dazu hast, nutze diese als Übung – dann schlägst du zwei Fliegen mit einer Klappe!) und gehe stur nach deinem Ablaufschema vor. Schritt für Schritt. So lange, bis du das Schema sicher und ohne zu zögern anwenden kannst.

Ob die Ergebnisse richtig sind, ist dabei erstmal nachrangig, denn in Mathe zählt der Rechenweg meist mehr als das richtige Ergebnis: Wenn du die falschen Zahlen nimmst, gibt das zwar einen Punkt oder so Abzug, aber wenn du mit den falschen Zahlen richtig weiterrechnest, bleibt es bei diesem einen Minuspunkt. Ich hatte einmal in einer Klausur fast keine Aufgabe richtig, aber dennoch habe ich 12 Punkte (2+) bekommen, da die Rechnungen gestimmt haben.

Irgendwann einmal sollte dein Ablaufschema allerdings schon zum richtigen Ergebnis geführt haben. Ansonsten könnte es nämlich sein, dass dein Ablaufschema falsch ist – und das wäre eine Katastrophe.

Schritt 3: Tipps für Textaufgaben

In einem Test oder einer Klausur können Aufgaben in unterschiedlicher Weise vorkommen: Oft ist klar vorgegeben, was du tun sollst („Überprüfe die Lagebeziehung der folgenden Geraden: …"). Diese Aufgaben solltest du mit Hilfe deines Schemas nun lösen können. Schwieriger wird es, wenn die Aufgabe in einem Anwendungsbeispiel versteckt ist – sprich in einer Textaufgabe. Dann gehst du am besten wie folgt vor:

- **Durchlesen und durchatmen.** Lies dir zunächst die gestellte Aufgabe einmal durch: Verstehst du die Aufgabe? Weißt du vielleicht sogar schon auf Anhieb, was du machen sollst? Nein? Keine Sorge, das ging mir in 99 Prozent der Fälle auch so. Wichtig ist nur, dass du dann nicht verzweifelst und aufgibst, sondern einmal tief durchatmest und gleich mit Schritt 2 weiter machst.

- **Markiere das Wichtige.** Nun liest du dir den Text und die Aufgabenstellung noch einmal gründlich durch und markierst alles, was dir für die Bearbeitung der Aufgabe wichtig erscheint. Meistens sind die entscheidenden Informationen die Zahlen im Text. Aber Achtung, es gibt auch Ausnahmen: Nicht jede Zahl ist für die Rechnung wichtig. Ein ganz einfaches Beispiel:

  Karl bekommt zu seinem 7. Geburtstag zehn Geschenke. Drei davon haben eine rote Verpackung, vier eine gelbe und drei eine weiße. Die Mutter wählt zufällig ein Geschenk aus, um es Karl zu geben. Mit welcher Wahrscheinlichkeit handelt es sich dabei um ein Geschenk in roter Verpackung?

  Wenn du nun alle sechs Zahlen (7. Geburtstag, 10 Geschenke, 3 rote, 4 gelbe, 3 weiße, Mutter wählt 1 Geschenk aus) markiert hast, wäre das zu viel. Denn es ist für die Berechnung der Wahrscheinlichkeit scheißegal, ob es Karls 7., 8., oder 38. Geburtstag ist. Das hättest du bei diesem einfachen Beispiel natürlich direkt erkannt, aber achte auch bei schwierigeren Aufgaben darauf, dass Lehrer gern Informationen einstreuen, die nur scheinbar wichtig sind.

- **Was soll herauskommen?** Nun schaust du, was überhaupt gefordert wird: Was sollst du berechnen? Was für eine Art von Ergebnis muss herauskommen? Das heißt: Ist eine Prozentzahl gefordert? Eine bestimmte Menge? Was für ein Ergebnis könnte rein logisch gesehen überhaupt herauskommen, und welcher Zahlenbereich wäre nicht möglich? Wenn beispielsweise ein bestimmtes Alter von jemandem gesucht ist, wäre ein Ergebnis von 7438 eher unwahrscheinlich. Mache dir also genau klar, was gefordert wird. Denk nicht darüber nach, wie du das errechnen könntest. Konzentriere dich nur auf die Fragestellung und überlege dir dabei, was genau du jetzt ausrechnen sollst. Zur Hilfe kannst du die oben genannten Fragen durchgehen und dir selber beantworten. Dieser Schritt ist sehr wichtig und du solltest ihn nicht schluderig übergehen! Schreib dir deshalb am besten in ein paar Stichworten oder einem kurzen Satz auf, was die Aufgabe von dir verlangt.

- **Den Rest der Aufgabe verstehen.** Nachdem du herausgefunden hast, was der Lehrer am Ende für eine Antwort haben möchte, lies dir die Aufgabe noch einmal durch und versuche, auch den Rest der Aufgabe zu begreifen. Wenn es jetzt „Klick" macht, kannst du direkt zum nächsten Schritt weitergehen. Wenn nicht, sieh dir noch einmal alles an, was du markiert hast, und gib es in eigenen Worten wieder. Mache dir dafür zu jeder markierten Textstelle einen kurzen Stichpunkt, indem du die Informationen so zusammenfasst, dass du sie verstehst. Anschließend überlegst du dir, welche Informationen jetzt wirklich wichtig für die Fragestellung sind. Manchmal fällt da noch die ein oder andere heraus. Am Ende dieses vierten Schrittes solltest du die Fragestellung UND die Aufgabe bzw. das Problem verstanden haben. Das heißt, dass du wissen solltest, was du errechnen musst und welche Informationen du dafür hast. Wie du jetzt im Detail bei der Rechnung vorgehen sollst, ist erst einmal noch nicht so wichtig.

- **Notiere, was gegeben und gesucht ist.** Das ist nur ein formaler Schritt, denn eigentlich weißt du ja bereits, was du berechnen musst und auch was für Informationen du hast. Aber um Punkte dafür zu bekommen, solltest du es schriftlich festhalten. Schreibe also „Gegeben:" und „Gesucht:" auf dein Aufgabenblatt oder in dein Heft . Bei „gegeben" listest du alle gegebenen Informationen auf, und bei „gesucht" das, was du berechnen sollst. Hier solltest du aber nicht deine selbst formulierten Stichpunkte eintragen – diese sind nur für dein eigenes Verständnis da und gehören nicht auf das Aufgabenblatt, das du später abgibst. Nutze hier am besten die mathematisch korrekte Schreibweise mit den richtigen Maßeinheiten – also zum Beispiel ein kleines h für Stunden, ein großes F für Kraft, ein großes V für Volumen, ein kleines m für Meter, mm für Millimeter, A für Flächeninhalt und so weiter. Solltest du diese Kürzel noch nicht beherrschen, dann lern sie bitte vor der Arbeit unbedingt auswendig. Denn wenn du „gegeben" und „gesucht" korrekt hinschreibst und nichts vergisst, gibt es darauf meistens schon einmal einen Punkt.

- **Mach eine Skizze.** Auch wenn es nicht explizit in der Aufgabe gefragt ist, ist es oft hilfreich, eine Skizze anzufertigen. Du kannst sie ruhig auf dem Aufgabenblatt machen, sodass der Lehrer sieht, dass du die Problematik verstanden hast. Dafür sollte sie allerdings halbwegs verständlich sein, ansonsten nutze lieber ein Schmierblatt. Wichtig ist nur, dass du überhaupt eine machst. Visualisiere dir dabei die Problematik, sodass du sie noch besser verstehst. In der Analysis oder auch bei einfachen Funktionsaufgaben eignet sich ein Koordinatensystem meist am besten: Hier kannst du die Funktionen grob einzeichnen und siehst so, wie sie verlaufen, wodurch du später besser überprüfen kannst, ob dein Ergebnis richtig sein könnte. In der Geometrie sind einfache Skizzen häufig sehr gut geeignet, um sich die Aufgabe zu verdeutlichen. Bei Lagebeziehungen oder ähnlichen Problematiken kann auch ein dreidimensionales Koordinatensystem weiterhelfen. In der Stochastik sind Baumdiagramme oder Vierfeldertafeln eine gute Möglichkeit, sich die Fragestellung zu visualisieren. Aber letzten Endes ist es auch egal, was du für eine Skizze machst. Wichtig ist, dass du sie verstehst und sie dir weiterhilft. Außer natürlich, die Aufgabe gibt dir vor, dass du eine bestimmte Art von Skizze anfertigen sollst, dann ist es selbstverständlich nicht egal.

- **Sammle Formeln.** Nun geht es „endlich" an die eigentliche Bearbeitung der Aufgabe. Juhu! Wie du gesehen hast, ist die Vorbereitung enorm wichtig und nimmt einen großen Teil im Lösungsprozess der Aufgabe ein. Doch nun lass uns mit der eigentlichen Rechnung beginnen. Schreibe dir alle Formeln, die mit dem Thema der Aufgabe in Verbindung stehen, auf. Das ist in Mathe der AFB 1, da du hier Gelerntes nur wiedergeben musst. Rufe dir außerdem dein Ablaufschema ins Gedächtnis, das du für diesen Aufgabentyp erstellt und auswendig gelernt hast. Schreibe es aber nicht noch einmal extra auf, das würde zu viel Zeit in Anspruch nehmen.

- **Löse die Aufgabe.** Jetzt kannst du dein Ablaufschema abspulen, die gegebenen Zahlen in die passenden Formeln einsetzen und das Ganze ausrechnen. Das sollte dir eigentlich keine großen Probleme mehr bereiten, denn du hast ja nun die Textaufgabe so vereinfacht, dass du deine normale Vorgehensweise benutzen kannst. Wichtig: Kommentiere alles, was du machst! Schreibe am rechten Rand hin was du gerade rechnest und was du damit bezwecken willst. Das soll nicht viel Zeit in Anspruch nehmen, deshalb verwende am besten nur Schlagwörter, die prägnant ausdrücken was du sagen willst, wie zum Beispiel „Kollinearität überprüfen" oder „Schnittpunkt vorhanden?". Kloppe auf diese Weise deinen Ablaufplan stur durch, sodass du ein Ergebnis erhältst. Wenn du absolut keinen Plan hast, welche Zahlen wohin gehören, setze einfach irgendwelche Zahlen aus der Aufgabe in deine Vorgehensweise ein. Das Ergebnis ist dann zwar mit ziemlicher Sicherheit falsch, aber du bekommst wenigstens noch Punkte für die Rechnung. Und das sind ja, wie schon erwähnt, die meisten. Wenn das Ergebnis nicht stimmen kann, aber du dir eigentlich sicher bist, dass du alles richtig gemacht hast, dann gucke dir nochmal genau deine Rechnung an und suche nach dem Fehler. Meist steckt ein Rechenfehler dahinter, den du schnell beseitigen kannst. Halte dich aber nicht zu lange damit auf, solange du noch andere Aufgaben zu lösen hast: Wenn du den Fehler nicht findest, dann schreib einfach erstmal hin, dass das Ergebnis nicht stimmen kann (auch das zeigt ja mathematisches Verständnis!) und mache mit der nächsten Aufgabe weiter. Wenn der Rechenweg stimmt, bekommst du ja trotzdem Punkte dafür.

- **Überprüfen.** Wenn du am Ende der Arbeit noch Zeit hast, gehst du noch einmal zu den Aufgaben zurück, die du mit Sicherheit falsch hast. Nimm dir die Aufgabe vor, die du noch am ehesten verstehst, und probiere, den Fehler zu finden. Hast du das geschafft, gehst du zu den schwierigeren Aufgaben über. Achte aber auch darauf, wie viele Punkte es für eine Aufgabe gibt: Es lohnt nicht, sich ewig bei einer 2-Punkte-Aufgabe aufzuhalten – guck dir stattdessen lieber noch einmal die Aufgabe an, für die es 8 Punkte gibt. [6]

Wenn du diese Reihenfolge beachtest, dürfte bei Textaufgaben eigentlich nicht mehr viel schief gehen. Am Anfang wird es vielleicht noch ein bisschen dauern, bis du die ganzen Schritte drauf hast, aber mit der Zeit läuft das wie automatisiert. Mach am besten ein paar Übungen dazu, bis dir die Vorgehensweise in Fleisch und Blut übergegangen ist. Übertreib es aber nicht, und vor allem: Lerne unbedingt erst die Basics, bevor du dich an komplexe Aufgaben machst! Du ersparst dir damit eine Menge Zeit und Frust.

Wenn du wirklich sehr große Probleme in Mathe hast, kann ich dir leider nicht die ganz große Zeitersparnis liefern. Dann musst du einfach wirklich viel lernen und üben. Aber du hast jetzt wenigstens einen Schlachtplan von mir bekommen, wie du das Ganze angehen kannst. Aber wenn du in Mathe nicht zu den totalen Vollversagern gehörst, wirst du mit den Tipps aus diesem Kapitel deutlich bessere Noten schreiben und gleichzeitig weniger dafür tun müssen.

2.5 Wie du die wirklich wichtigen Prüfungen bestehst

Schon normale Klassenarbeiten sind für die meisten Schüler der absolute Horror. Noch schlimmer aber ist es bei großen Prüfungen und Klausuren (Abitur, MSA, Vergleichsarbeiten etc.). Diese unterscheiden sich von normalen Arbeiten eigentlich nur durch zwei Dinge:

• Sie haben einen größeren Einfluss auf deinen Durchschnitt und sind entscheidend dafür, ob du deine Wunschnote (oder überhaupt deinen Abschluss) bekommst.

• Der Lernstoff ist deutlich umfangreicher als bei einer normalen Arbeit, weil große Prüfungen nicht nur das aktuelle Thema abfragen, sondern auch Sachen an die Reihe kommen können, mit denen du dich seit Monaten nicht mehr beschäftigt hast.

Die gute Nachricht lautet: Im Prinzip unterscheidet sich die Vorbereitung auf diese extrem wichtigen Prüfungen gar nicht so sehr von der Vorgehensweise bei normalen Arbeiten, die du ja nun kennst. Genau wie dort gibt es auch bei den großen Prüfungen die drei Anforderungsbereiche. Diese sind in ihrem Umfang sogar fest vorgegeben, so dass du genau weißt, was dich erwartet – da hat der Lehrer nämlich weniger Spielraum. Und wie du dich auf die einzelnen AFBs vorbereitest, weißt du ja auch bereits. Einiges solltest du aber anders angehen – und das erkläre ich dir in diesem Kapitel.

Natürlich weiß ich, dass auch die Nervosität bei großen Klausuren noch viel stärker ist als bei normalen Arbeiten – es steht einfach mehr auf dem Spiel. Aber auch eine Abschlussprüfung ist „nur" eine Prüfung. Du hast sogar einen Vorteil: Während eine normale Klausur stets neuen Stoff behandelt, hast du vieles von dem, was in der Abschlussprüfung an die Reihe kommt, schon einmal in einer normalen Klausur gemacht. Also bleib ruhig – das schaffst du!

Der langfristige Lernplan

Je größer die anstehende Prüfung ist, desto langfristiger solltest du deine Vorbereitung planen. Als Beispiel möchte ich dir meinen Lernplan für meine schriftlichen Abiturprüfungen vorstellen. Dieser Plan ist der langfristigste, den ich in meiner Schulzeit aufgestellt habe, und war in dieser Form auch wirklich nur für eine so wichtige Prüfung wie das Abitur notwendig. Bei größeren Klausuren haben mir meist vier Wochen Vorbereitungszeit genügt, bei normalen Arbeiten zwei bis drei Wochen. Zur Erinnerung: Das hört sich lang an, aber bedenke immer, dass ich ja nicht von morgens bis abends gelernt habe, sondern jeden Tag nur ein bisschen – und dann meine Freizeit mit dem Wissen genossen habe, dass ich gut im Zeitplan liege.

Beispiel: Mein langfristiger Plan für die Abiturvorbereitung

Meine schriftlichen Prüfungstermine waren:

Mathematik:	14.04.2016
Politische Bildung (PB):	18.04.2016
Deutsch:	21.04.2016

Ich habe bereits in den Sommerferien 2015(!) meinen langfristigen Lernplan entwickelt, den ich später übrigens auch weitestgehend eingehalten habe. Wie mein Plan aussah, kannst du auf der nächsten Seite sehen.

Für jede der Phasen meines langfristigen Lernplans habe ich mir dann kurz vorher Wochen- und Tagespläne erstellt, in denen ich immer detaillierter festgelegt habe, wann ich mich um welches Lernthema kümmern würde – ähnlich wie bei den Hausaufgabenplänen, die ich dir ja im ersten Teil schon vorgestellt habe.

Herbstferien 2015:

- Schwerpunkte heraussuchen
- Welche Themen fallen eventuell ganz heraus?
- Aufbau der Prüfungen angucken
- Mathe: Zusammenfassungen für alle Themengebiete schreiben
  (Mathe war mein schwächstes Prüfungsfach, deshalb habe ich mir die Mühe gemacht)

- Facharbeit beginnen
  (das hatte zwar nichts mit der Abiturvorbereitung zu tun, aber ich musste es für meine
  Zeitplanung trotzdem berücksichtigen)

Herbstferien 2015 bis Winterferien 2016:

- Mathezusammenfassungen erweitern um neu hinzugekommene Themen

Winterferien 2016:

- Themen genauer angucken und überlegen, auf welche Themen ich mich
  vorbereiten möchte und welche ich eventuell streiche

Winterferien 2016 bis Osterferien 2016:

- Zusammenfassungen für Deutsch und PB erstellen
- Mathe lernen

Osterferien (23.03-02.04.2016):

- Zusammenfassungen für PB und Deutsch beenden
- Grundlagen in PB und Deutsch lernen

03.04.2016-13.04.2016:

- Mathe lernen

14.04.2016-17.04.2016:

- Rest PB lernen

18.04.2016-20.04.2016:

- Rest Deutsch lernen

Dein Schlüssel zum Erfolg: Zusammenfassungen

Ein ganz wichtiger Punkt, um sich entspannter auf große Klausuren vorbereiten zu können, ist das Erstellen von Zusammenfassungen. Klar, du musst einmal Zeit investieren, um sie zu erstellen, aber danach ersparen sie dir einen Haufen Arbeit: Du musst dich dann nämlich beim Lernen nicht mehr durch Hunderte von Seiten in deinen Heftern und Büchern durchquälen, sondern hast das Wichtigste komprimiert und nachvollziehbar auf wenigen Blättern zur Hand. So kannst du dir schnell alles Wesentliche und die Zusammenhänge wieder ins Gedächtnis rufen, wenn größere Prüfungen anstehen, anstatt dir den ganzen Kram noch einmal neu erarbeiten und zusammensuchen zu müssen.

Nimm dir also deine Hefter und fertige dir zu allen relevanten Themen Erklärungen, Zusammenfassungen und Übersichten an. Und zwar in jedem Fach, das du mit einer großen Prüfung abschließt.

Natürlich sehen diese Schriften von Fach zu Fach anders aus: In Mathe sind es eher Ablaufschemata für wichtige Rechnungen, in Deutsch die wichtigsten Eckpunkte für typische Aufgabenstellungen wie etwa eine Interpretation, und in Biologie könnten deine Notizen zum Beispiel eine Übersicht über den Prozess der Proteinbiosynthese enthalten. Aber auch wenn sie ganz unterschiedlich gestaltet sind – hilfreich sind solche Kurzübersichten in jedem Fach.

Achte beim Erstellen deiner Zusammenfassungen darauf, dass du die Menge der Informationen im Vergleich zu deinem Hefter deutlich reduzierst. Wenn du den Hefter eins zu eins abschreibst, kostet das nur Zeit und bringt dir nichts. Konzentriere dich also auf das Wesentliche und baue deine Zusammenfassungen auf wie einen Spickzettel: So viel wie nötig, aber so wenig wie möglich! Und mach dir keine unnötige Arbeit: Wenn ein Vorgang in deinem Hefter tatsächlich schon optimal und so kurz wie möglich erklärt ist, hefte das Blatt einfach aus und leg es zu deiner Zusammenfassung.

Tipp für Smarte: Wenn du besonders clever bist, erstellst du deine Zusammenfassungen immer schon, wenn ihr das betreffende Thema im Unterricht gerade beendet – auch wenn die nächste große Klausur da noch weit weg ist. Denn zu diesem Zeitpunkt hast du das Thema gerade gut im Kopf. Und wahrscheinlich musst du dir beim Lernen für die normale Arbeit zu diesem Thema ohnehin schon Skizzen, Ablaufpläne und ähnliches erstellen – diese kannst du dann gleich für deine Zusammenfassung nutzen. So schlägst du zwei Fliegen mit einer Klappe und ersparst dir später viel Zeit!

Wie du die vier Wochen vor der Prüfung nutzen solltest

Vier Wochen vor einer großen Prüfung beginnt die „heiße Phase": Die verbleibende Zeit ist jetzt deutlich begrenzt, und jeder Schritt ist wichtig. Hier die wichtigsten Tipps, wie du deine Zeit optimal nutzt:

Woche 4 vor der Prüfung

Setze dich vier Wochen vor der Prüfung hin und verschaffe dir einen groben Überblick über die Themen und deinen Lernstand in dem betreffenden Fach. Überlege, was dir noch schwer fällt und wo eher keine Probleme zu erwarten sind. Dann schreibst du einen groben Lernplan, der die Zeiten festlegt, in denen du lernen willst. Mache auch schon mal einen Plan, wann welches grobe Überthema an der Reihe sein soll.

Nachdem du den Plan geschrieben hast, gehst du in dieser Woche zu dem Lehrer, bei dem du die Prüfung schreibst, und versuchst, so viel über die Klausur herauszubekommen wie du kannst. Je mehr du vorab über den Aufbau und die Themen weißt, desto gezielter kannst du dich vorbereiten. So verschwendest du nicht deine Energie für Dinge, die sowieso nicht rankommen. Quetsche den Lehrer ruhig richtig aus und versuche, die Schwerpunkte festzumachen. Mach dir auch ruhig Stichpunkte dazu, damit du später nichts vergisst.

Woche 3 vor der Prüfung

Drei Wochen vor der Prüfung setzt du dich erneut hin und schreibst einen detaillierteren Lernplan, der die Antworten deines Lehrers berücksichtigt. Unwichtige Unterthemen fallen jetzt weg, dafür planst du mehr Zeit für Themen ein, die wahrscheinlich Schwerpunkte der

Arbeit sind. Lege jetzt ganz genau fest, welche spezifischen Unterthemen du an welchen Tagen lernen willst.

In dieser Woche solltest du dann auch schon mit dem Lernen beginnen, denn die meisten (zumindest ich...) brauchen schon so zwei, drei Wochen Vorbereitung, um den ganzen Stoff zu schaffen. Und ein bisschen Puffer sollte auch immer noch vorhanden sein – man weiß nie, was passiert.

An jedem Tag, den du dir für das Lernen eingeplant hast, schreibst du dir morgens einen kurzen Tagesplan, was genau du für das Thema, das heute ansteht, machen willst. Das können zum Beispiel Übungsaufgaben sein oder auch das Erstellen von Zusammenfassungen, sofern du sie nicht schon geschrieben hast.

Dein Klausurlernplan sollte natürlich an dein persönliches Lernverhalten angepasst sein. Und auch die bereits vorgestellten Lerntechniken solltest du berücksichtigen. Noch einmal die wichtigsten Punkte zur Erinnerung:

- Plane genügend Zeit für die Wiederholung der einzelnen Themen ein!

- Häufig, aber nicht zu viel auf einmal lernen – also stopfe einen Tag nicht mit fünf Stunden Englisch voll, sondern verteile das lieber über mehrere Tage

- Berücksichtige bei deiner Zeitplanung deine Freizeitaktivitäten und auch den Zeitbedarf für normale Tests und Hausaufgaben. Vor allem Prioritätsaufgaben dürfen auch in dieser Zeit nicht unter den Tisch fallen! Glücklicherweise geben einem die Lehrer kurz vor der Klausurzeit meist nicht mehr so viel auf, was die Lage in der Regel etwas entspannt. Plane aber trotzdem vorausschauend und packe dir die Tage nicht bis zur letzten Minute voll, sondern bedenke immer, dass noch Aufgaben für den normalen Schulalltag dazukommen können.

Woche 2 vor der Prüfung

In dieser Woche steht das Lernen im Vordergrund: Gehe deine Zusammenfassungen der Themen durch und versuche, ein Gefühl dafür zu bekommen, welche Aufgabenstellungen jeweils zu erwarten sind. Überlege dir anschließend, wie du die passenden Antworten dazu formulieren würdest.

In Mathe solltest du inzwischen die Abläufe auswendig können und nun möglichst viele Übungsaufgaben rechnen. Markiere dabei alle Punkte, bei denen du noch Schwierigkeiten hast, und versuche, deine Probleme zu lösen, indem du dir unklare Zusammenhänge noch einmal von jemandem erklären lässt – etwa von einem Freund, dem Internet oder auch deinem Lehrer.

Wenn es wichtige Fakten oder Formeln gibt, die noch immer nicht in deinen Kopf wollen, kennst du bestimmt auch den Standard-Tipp, sie auf Haftnotizzettel zu schreiben und am Badspiegel, an deiner Zimmertür oder neben deinem Bett aufzuhängen – also überall dort, wo du immer wieder draufschaust. Damit das wirklich funktioniert, musst dich aber an eine wichtige Regel halten: Du darfst immer nur ganz wenige Fakten auf diese Weise lernen – also wirklich nur die allerallerwichtigsten. Mehr als fünf sollten es nicht sein, denn sonst funktioniert das Ganze nicht: Wenn du Dutzende von Klebezetteln in deiner Wohnung verteilst und deine Wände damit tapezierst, wirst du dir am Ende nichts davon merken können, weil die einzelnen Fakten in der Masse der Informationen komplett untergehen.

Prüfe in dieser Woche auch, ob du alle benötigten Utensilien für die Klausur überhaupt hast. Also für Mathe einen Taschenrechner mit voller Batterie (oder besser zwei, denn es gibt nichts Schlimmeres, als wenn in der Klausur der Taschenrechner ausfällt...), Stifte jeglicher Art, Zirkel, Lineal, Geodreieck und so weiter. Wenn du feststellst, dass etwas fehlt, besorge es jetzt, damit du die letzte Woche entspannt angehen kannst.

Letzte Woche vor der Prüfung

Jetzt geht es auf die Zielgerade. Noch eine Woche, dann steht die Prüfung an! Wenn du dich bis hierhin an den Plan gehalten hast, solltest du dich aber nun schon einigermaßen vorbereitet fühlen und brauchst deswegen nicht in Panik zu verfallen.

Nun ist ein guter Zeitpunkt, um sich bei deinen Mitschülern umzuhören, was sie so lernen und wie sie sich vorbereiten. Vielleicht kannst du dabei den einen oder anderen guten Tipp aufschnappen, oder du merkst, dass du ein Thema vergessen hattest. Das lässt sich jetzt alles noch korrigieren. Natürlich solltest du dich vorwiegend für Mitschüler interessieren, die in dem jeweiligen Fach meist ganz gut abschneiden. Ansonsten machst du in dieser Zeit einfach weitere Übungen und prägst dir deine Übersichten ein.

Sinnvoll ist es auch, in dieser Woche die eine oder andere Probeklausur unter realen Bedingungen zu schreiben. Das heißt, dass du die Hefter wegpackst und die entsprechende Zeit Aufgaben durcharbeitest. Am Ende guckst du dir die Lösungen an und rechnest deine Note aus. Am besten ist es natürlich, wenn die Probeklausuren von deinem Lehrer kommen, weil sie dann am ehesten den Stoff behandeln, der auch tatsächlich im Ernstfall abgefragt wird. Ansonsten findest du im Internet oder in entsprechenden Büchern (siehe Kapitel *Sinnvolles Zusatzmaterial zum Erfolg*) häufig gute Alternativen.

Wenn es jetzt noch immer wesentliche Dinge gibt, die du dir nicht merken kannst, hilft der Spickzettel-Trick. Nein, ich rate dir nicht, bei der Prüfung zu schummeln: Wenn das auffliegt, wäre ja deine ganze Arbeit umsonst gewesen. Aber der Witz ist doch: Wenn man sich die Mühe macht, einen Spickzettel zu schreiben, stellt man meistens hinterher fest, dass man ihn gar nicht mehr nötig hat. Das machst du dir jetzt zu Nutze: Nimm dir einen Zettel und schreibe darauf genau die Informationen, die du dir beim besten Willen nicht merken kannst. Je kleiner der Zettel, desto besser – genau wie beim richtigen Spicken.

Dann musst du nämlich genau überlegen, was du aufschreibst und wie du es aufschreibst – und allein dadurch verankert sich ein Großteil der gespickten Informationen dann doch noch in deinem Kopf. Schau dir deinen Spickzettel dann täglich an – das dauert nur wenige Minuten. Und wenn es dich nicht zu nervös macht, kannst du direkt vor der Klausur auch noch einen Blick hinein werfen, um dein Kurzzeitgedächtnis zu nutzen. Vergiss aber nicht, den Spickzettel vor der Klausur auch wirklich wegzupacken – es wäre ja blöd, wenn man dich damit erwischt, obwohl du ihn gar nicht nutzen wolltest…

Der Abend vor der Prüfung

Kurz vor der Prüfung wirst du vielleicht trotz aller Vorbereitung ziemlich aufgeregt und nervös sein. Zumindest geht es vielen Schülern so. Es ist nun mal schwierig, sich dem Druck völlig zu entziehen. Aber Aufregung ist gut! Nur wenn du aufgeregt und angespannt bist, kannst du deine Topleistungen erreichen. Viele glauben zwar, dass sie eine Arbeit versaut hätten, weil sie zu aufgeregt waren, doch das stimmt so meistens nicht: Die meisten Schüler werden unter Aufregung eher besser als schlechter.

Die Aufregung darf allerdings nicht in Angst umschlagen, denn Angst lähmt dich, und dann bist du tatsächlich weniger leistungsfähig. Wenn du merkst, dass du in Panik gerätst, atme ein paar Mal tief durch und frage dich: Was wäre denn das absolut Schlimmste, was passieren könnte? Wäre das wirklich so schlimm? Und wie wahrscheinlich ist es, dass dieser Fall eintritt? Wenn es um eine Prüfung geht, wäre das Allerallerallerschlimmste doch wohl, dass du die Arbeit nicht bestehst und dadurch sitzen bleibst. Klar, das wäre blöd. Aber geht davon die Welt unter? Und jetzt mal ehrlich: Wie viele von euch sind denn wirklich in der Situation, dass die nächste Arbeit über die Versetzung entscheidet? Das werden die Wenigsten sein. Also gibt es in den meisten Fällen überhaupt keinen Grund, wirklich Angst zu haben. Akzeptiere, dass du aufgeregt bist – das lässt sich eh nicht ändern, und du kannst sogar davon profitieren. Aber tappe nicht in die Angst-Falle: Angst hilft dir kein bisschen, sondern verhindert höchstens, dass du dein Bestes ablieferst.

Am Abend vor der Klausur solltest du deine Tasche schon fertig packen. Versuch nicht, das erst am Klausurtag zu machen, sonst verfällst du morgens schon in Stress und kommst womöglich noch zu spät. Auch den Wecker solltest du etwas früher stellen, sodass du mit Sicherheit pünktlich bist. Stell dir ruhig auch noch einen zweiten Wecker, damit du dir keine Sorgen machen musst, dass du verschläfst. Doppelt hält besser.

Viele Schüler haben am Abend vor der Prüfung Probleme mit dem Einschlafen. Und es heißt ja immer, genügend Schlaf sei wichtig, damit man voll leistungsfähig ist. Das ist im Grundsatz auch richtig. Aber während einer wichtigen Prüfung wirst du eh nicht müde sein, auch wenn du in der Nacht davor stundenlang wachgelegen hast: Dafür schüttet dein Körper durch die Aufregung viel zu viel Adrenalin aus. Also bleib locker! Ich selbst konnte vor Klausuren auch nie gut einschlafen. Und anfangs habe ich mich deshalb total verrückt gemacht: Je später es wurde, desto größer wurde meine Angst, nicht genug Schlaf zu bekommen. Und dadurch konnte ich dann erst recht nicht mehr einschlafen. Es war echt ein Teufelskreis, bis ich irgendwann beschloss, es einfach zu akzeptieren. Ich habe mir gesagt: „Wenn ich nicht schlafen kann, dann schlafe ich halt nicht! Dann schlafe ich mich halt am Tag nach der Klausur so richtig aus." Und seither ging es mir deutlich besser. Also: Mach dir keinen Stress. Wahrscheinlich wirst du dann sogar besser einschlafen können, weil du es nicht so krampfhaft versuchst.

Was dir ebenfalls dabei helfen kann, entspannter an die Sache heranzugehen, ist dir bewusst zu machen, dass du nicht mehr hinschreiben kannst als du weißt. Wenn du etwas nicht weißt, kannst du es auch nicht hinschreiben. Und du solltest dir keine Gedanken über Dinge machen, die du sowieso nicht ändern kannst.

In der Prüfung

Nun ist es so weit – du sitzt an deinem Einzeltisch, vor dir liegt das Aufgabenblatt, und es geht los. Wenn du alle Tipps beherzigt hast, kannst du die Prüfung nun eigentlich ganz entspannt angehen. Ein paar letzte Tipps habe ich aber noch für dich:

- **Fang nicht blind an zu arbeiten.** Lies dir zu Beginn alle Aufgaben einmal durch, um dir einen Überblick zu verschaffen und dich zu orientieren. Gehe die Aufgaben dann ein zweites Mal durch und schreibe dir spontan alle wichtigen Stichworte dazu auf, die dir einfallen.

- **Schätze die Zeit ab.** Versuche zu überschlagen, wieviel Zeit du für welche Aufgabe brauchen wirst. Prüfe dann hin und wieder, ob du noch einigermaßen im Zeitplan liegst. So vermeidest du, dass du dich im Eifer des Gefechts so in einer Aufgabe verlierst, dass du andere am Ende nicht mehr schaffst.

- **Schreibe Fakten, die du dir schlecht merken konntest, sofort auf.** Schreibe wichtige Informationen, die du dir besonders schwer merken konntest, gleich am Anfang auf einen Schmierzettel. Dann brauchst du dich nicht mehr krampfhaft darauf zu konzentrieren, sie im Kopf zu behalten, bis die entsprechende Aufgabe an der Reihe ist.

- **Schreib alles hin, was du weißt.** Wirklich alles. Egal ob die Aufgabenstellung das jetzt explizit verlangt oder nicht. Wenn du irgendetwas weißt und es passt einigermaßen zum Thema der Aufgabe, dann schreib es verdammt nochmal auch hin. Es gab noch nie einen Minuspunkt dafür, dass du zu viel hingeschrieben hast! Falls du Angst hast, dass die Zeit nicht reicht, dann mach dir nur ein paar Notizen, lass genügend Platz am Ende der Aufgabe und mach erstmal weiter. Wenn du dann am Ende noch Zeit hast, kannst du deine Ergänzungen noch auszuformulieren.

- **Gib nicht vorzeitig ab!** Die dümmsten Leute sind die, die ihre Zeit nicht voll ausnutzen. Ich war immer der Letzte (oder zumindest einer der Letzten), der abgegeben hat. Irgendetwas fällt einem immer noch ein, was man ergänzen kann. Und wenn nicht, dann kontrollierst du halt noch ein paar Mal die Rechtschreibung oder – in Mathe – die Rechnungen. Nichts ist ärgerlicher, als wenn dir nach der Arbeit noch etwas einfällt, das du hättest hinschreiben können. Und wenn du dann auch noch die Zeit dafür gehabt hättest, ist der Ärger noch größer. Dasselbe gilt für Flüchtigkeitsfehler, die dich Punkte kosten und die du beim Korrekturlesen zumindest teilweise noch hättest beheben können. Also bleib bis zum Schluss da und denk nach, was du noch aufschreiben könntest, oder kontrolliere zumindest, was du aufgeschrieben hast.

2.6 Sinnvolles Zusatzmaterial zum Erfolg

Wer in der Schule erfolgreich sein möchte, sollte sich nicht nur auf die Mitschriften aus dem Unterricht und die Lehrbücher verlassen, sondern auf sinnvolles Zusatzmaterial setzen, das den Stoff so gut erklärt, dass man ihn schneller versteht und dadurch Lernzeit einspart. Doch längst nicht jeder weiß, wo er suchen soll. Deshalb hier meine Tipps für den Einstieg:

YouTube

YouTube-Videos sind eine großartige Sache, wenn du für Arbeiten lernst oder bestimmte Dinge im Unterricht nicht verstanden hast und sie schnell noch einmal verständlich erklärt bekommen willst. Der einzige Haken: Du musst schon darauf achten, dass die Informationen aus einer vernünftigen Quelle stammen, denn bei YouTube kann im Prinzip jeder Videos hochladen – da ist auch viel Mist dabei…

Eine meiner Lieblingsadressen für naturwissenschaftliche Fächer wie Mathe, Biologie, Chemie und Physik ist der Kanal „The Simple Club": Dort werden komplizierte Prozesse sehr anschaulich und in verständlicher Sprache erklärt. Die Clips bestehen in der Regel aus gut gemachten Animationen, die dazu beitragen, dass man eine bildliche Vorstellung von den theoretischen Vorgängen bekommt. Die Videos dauern im Schnitt etwa sieben, acht Minuten, je nachdem wie umfangreich das betreffende Thema ist. Manche geben einen ausgezeichneten Überblick über „große Themen" (z.B. Analysis in Mathe oder Genetik in Biologie), andere erklären detailliert Schritt für Schritt die Vorgehensweise bei spezifischen Problemen. Wer bei Youtube schon einmal nach naturwissenschaftlichen Themen geguckt hat, wird auch kaum an diesem Channel vorbeigekommen sein. Zusammengefasst ist „The Simple Club" eine super Möglichkeit, in Mathe, Physik und Co. wieder Anschluss zu finden oder auch etwas tiefer in die Materie einzudringen.

Speziell für Mathe kann ich dir auch noch den Kanal „Mathe by Daniel Jung" empfehlen. Er geht auf nahezu jede erdenkliche Frage ein, die man sich so vorstellen kann. Die Clips sind sehr kurz, was unserem Vorsatz, Zeit zu sparen, sehr entgegenkommt. Allerdings wiederholen sich die Inhalte auch manchmal. Dennoch hat mich der Kanal vor allem durch seine Einfachheit überzeugt: Ein Mann steht entspannt vor seinem Whiteboard und erklärt in drei Minuten, wie eine bestimmte Rechnung funktioniert. Kein lästiges Drumherum, er sagt nicht Hallo und verabschiedet sich auch nicht. Er kommt einfach ins Bild und verschwindet auch genauso einfach wieder. Auf manche wirkt das vielleicht ein bisschen unhöflich, aber es hilft uns enorm bei unserem Ziel, den Schulkram so kurz wie möglich zu gestalten: Die Videos sind sehr effizient und spezialisiert, sodass wir exakt die passende Antwort auf unsere Frage bekommen. Was will man mehr?

Literatur

Neben den Schulbüchern gibt es zusätzliche Literatur, die sich an den Lehrplänen orientiert. Vor allem in Bezug auf die Prüfungsvorbereitung gibt es da einige wirklich hilfreiche Bücher und Hefte:

Für den Mittleren Schulabschluss (MSA) eignet sich hervorragend die Reihe *Training MSA* aus dem Stark-Verlag: Sie bietet verständliche Erklärungen und zahlreiche passende Übungen zu den relevanten Themen. Besonders toll finde ich, dass die originalen MSA-Prüfungen der vergangenen Jahre enthalten sind. Für diese sollte man sich ein wenig Zeit nehmen und sie ordentlich bearbeiten. Hinterher kann man sein Ergebnis mit den Lösungen vergleichen und gucken, welche Note man bekommen hätte. Ich persönlich habe diese Hefte für Mathe und Deutsch genutzt und wirklich intensiv damit gearbeitet. Da ich ja im Unterricht so gut wie nichts mitbekommen hatte, stellten sie meine einzige Prüfungsvorbereitung dar. Deshalb kann ich auch aus erster Hand bestätigen, dass diese Hefte gerade für Leute mit schlechten Mitschriften und wenig Materialien fast schon unverzichtbar sind: Durch sie habe ich in Mathe eine Zwei bekommen (was an ein Wunder grenzte!), und in Deutsch eine Drei. In Englisch, wo ich keines dieser Hefte benutzt habe, bekam ich nur eine Vier.

Nicht direkt als Prüfungsvorbereitung, sondern eher als generelles Begleitmaterial bis zur 10. Klasse kann ich die Bände des *Duden Schulwissen von der 5. bis zur 10. Klasse* empfehlen. Die Bücher, die es für nahezu jedes Fach gibt, behandeln alle wichtigen Unterrichtsinhalte und sind durch viele Illustrationen sehr abwechslungsreich gestaltet. Zudem gibt es viele Erklärungen und weiterführende Informationen in einer Randspalte. Ich habe die Reihe leider nicht sehr lange benutzt, da ich ja erst ab der 11. Klasse wirklich angefangen habe, etwas für die Schule zu tun, und mit diesen Büchern vor allem den fehlenden Stoff aus den vorherigen Jahren aufgearbeitet habe. Aber sie sind wirklich sehr hilfreich und in der Sekundarstufe 1 definitiv kein Fehlkauf.

Eine großartige Möglichkeit, sich auf das Abitur vorzubereiten, ist die *Abitur-Wissen-Reihe* aus dem Stark-Verlag: Es gibt zu jedem erdenklichen Abiturfach mehrere Bände zu den wichtigsten Themen. Die Hefte sind systematisch gegliedert und beinhalten neben ausführlichen Erklärungen auch Übungsaufgaben und Zusammenfassungen. Ich habe mir die Hefte leider nicht gekauft, weil meine Mitschriften (die ich ja inzwischen ordentlich führte) und Materialien mir ausreichend erschienen. Im Nachhinein habe ich mich aber geärgert, denn sie hätten mir doch geholfen, vor allem wegen der Übungsaufgaben.

Ebenfalls vom Stark-Verlag gibt es die *Abitur-Prüfungsaufgaben* mit Zusammenfassungen der aktuellen Prüfungen sowie den dazugehörigen Lösungen und Lerntipps. Achtet dabei darauf, dass ihr die aktuelle Ausgabe kauft, die sich auf euer Abiturjahr bezieht und für euer Bundesland gilt!

Auch die Reihe *Basiswissen Schule/Abitur* aus dem Duden-Verlag eignet sich gut zur erfolgreichen Vorbereitung auf Prüfungen: Sie überzeugt durch die sehr verständliche Formulierung und die kompakte Zusammenfassung des benötigten Wissens. Teilweise sind die Bände sogar ein bisschen zu kompakt geschrieben, sodass manchmal Teilthemen fehlen oder nur sehr oberflächlich behandelt werden. Dafür können die Bücher durch die beigelegte Lern-DVD die eine oder andere fehlende Information wieder ausbügeln.

Es gibt auch noch die *fit fürs Abi*-Reihe aus dem Schroedel-Verlag. Ich persönlich habe sie nicht genutzt, sie wurden mir aber von vielen Mitschülern empfohlen, die auf der Grundlage dieser Bücher ihre Zusammenfassungen für das Abitur angefertigt haben und mit den Ergebnissen sehr zufrieden waren. Die Bücher sind sehr nah am Lehrplan aufgebaut und enthalten somit fast immer passgenau die wesentlichen Unterrichtsinhalte. Zusatzinformationen finden sich in der Randspalte wieder, was den Vorteil hat, dass man nicht unfreiwillig mit unnützem Wissen bombardiert wird, sondern sich bewusst dafür entscheiden kann, ob und an welchen Stellen man sich mit Zusatzinformationen befassen möchte.

Und zu guter Letzt habe ich noch einen heißen Tipp für alle, die wie ich mit Mathe auf Kriegsfuß stehen: Das Buch mit dem großartigen Titel *Mathe für Antimathematiker* von Dario Bednarski ist mir leider erst nach meiner Schulzeit in die Hände gefallen, sonst hätte es mir viel Arbeit erspart. Im Gegensatz zu anderen Mathebüchern, die meist so kompliziert formuliert sind, dass nur Mathe-Cracks sie verstehen, richtet sich dieses Buch speziell an Schüler, die mit Mathe nicht viel anfangen können. Der Autor vermittelt die Themen ganz bewusst in einer anderen Struktur und Reihenfolge als in der Schule. Das Ergebnis ist ein super verständliches Buch, das auch Mathe-Hassern das Handwerkszeug vermittelt, um alle Aufgaben rund um Ableitungen, Integrale und Kurvendiskussionen zu lösen. Da fragt man sich: Warum können Lehrer nicht so erklären? Und als Sahnehäubchen bietet das Buch auch noch jede Menge Übungsaufgaben samt Lösungen und teilweise sogar mit dem kompletten Lösungsweg, mit denen du dich selbst testen kannst.

2.7 Nichts ist für immer: Wie du mit Horrorphasen umgehst

Der Name dieses Kapitels ist vielleicht etwas dramatisch gewählt, aber er passt wie die Faust aufs Auge. Wer kennt das nicht: Es gibt manchmal Phasen im Leben, da wird einem einfach alles zu viel. Bei mir kam diese Phase im November 2015. Da die 12. Klasse ein verkürztes Schuljahr war, bekamen wir unsere Halbjahreszeugnisse nicht erst im Januar, sondern schon im Dezember kurz vor den Weihnachtsferien. Dadurch wurde auch der Notenschluss auf Mitte Dezember vorverlegt. Natürlich wollten die Lehrer trotzdem genauso viele Zensuren von uns haben wie in einem regulären Halbjahr. Nur dass sie halt dieses Mal gut fünf Wochen weniger Zeit dafür hatten. Das ist ihnen aber natürlich erst kurz vor Ende des Halbjahres aufgefallen und hatte zur Folge, dass wir jede Woche bis zu sieben Tests schrieben.

So etwas ist grundsätzlich schon mal blöd, wäre aber noch halbwegs zu bewältigen gewesen. Die eigentliche Katastrophe war jedoch, dass das alles kurz vor der großen Klausuren-Woche Anfang Dezember stattfand, auf die wir uns ja ebenfalls vorbereiten mussten. Und das waren dieses Mal auch keine normalen Klausuren, sondern ein sogenanntes „Probeabitur": Die Arbeiten waren vom Umfang und Inhalt her genau wie das richtige Abitur aufgebaut, sie wurden halt nur wie eine normale Klausur gewertet. Der Lernaufwand aber war absolut vergleichbar mit der Abiturvorbereitung.

Und für mich persönlich war das immer noch nicht alles: Genau zu dieser Zeit liefen bei mir auch noch die Bewerbungsgespräche für das duale Studium, auf das ich mich beworben hatte. So ein Bewerbungsgespräch dauert acht Stunden, und ich hatte innerhalb von drei Wochen zwei davon. Darauf musste ich mich natürlich auch entsprechend vorbereiten. Für die Tage, an denen die Bewerbungsgespräche dann stattfanden, wurde ich zwar von der Schule freigestellt, aber dadurch habe ich natürlich auch den Unterricht verpasst, den ich dann nacharbeiten musste, ebenso wie die Tests, die ich dann am Wochenende nachschrieb. So ganz nebenbei rückte auch der Abgabetermin für die 15-seitige Facharbeit immer näher und... ach, ich könnte noch ewig so weitermachen. Lass es mich kurz zusammenfassen: Es war einfach eine richtig beschissene Zeit.

Du hast bestimmt auch schon solche Horrorphasen erlebt, in denen einfach alles zusammenkommt. Jeder kann da seine eigene Geschichte erzählen. Und auch wenn der Titel dieses Buches „Der entspannte Weg zum 1er-Durchschnitt" heißt: Diese Phasen kann dir leider kein Trick der Welt abnehmen – da musst du durch. Wichtig ist dabei, dass du begreifst, dass es sich dabei nur um eine Phase handelt, die meist nur von kurzer Dauer ist. In der Regel ist nach zwei, drei Wochen alles überstanden. Und das schaffst du!

Die meisten Schüler machen einen schwerwiegenden Fehler, wenn sie merken, dass eine Horrorphase auf sie zukommt: Sie resignieren, weil sie glauben, dass sie das alles eh nicht schaffen können. Also schalten sie einen Gang zurück, weil sie ja auch noch Freizeit haben möchten. Diese Denkweise ist auch durchaus nachvollziehbar. Allerdings führt sie mit hoher Wahrscheinlichkeit dazu, dass man sich seine Noten versaut und dann den Rest der Schulzeit umso mehr ackern muss, um das wieder auszubügeln. Smart ist das nicht.

Wer solche Phasen erfolgreich bewältigen will, muss genau das Gegenteil tun – nämlich für kurze Zeit Vollgas geben! Mobilisiere alle verfügbaren Kräfte und gib hundert Prozent! Es geht ja zum Glück nicht immer so weiter: Schon bald ist die Phase vorbei, und du kannst dich wieder deinem entspannten Leben widmen.

Ich habe in solchen Stressphasen ganz bewusst meinen Lebensstil komplett geändert, um wirklich hundert Prozent geben zu können. Ich bin am Wochenende nicht mehr feiern gegangen, habe keinen Alkohol mehr getrunken und auch nicht mehr Playstation gespielt.

Irgendwann habe ich auch aufgehört, in diesen Zeiten Rap-Musik zu hören, da ich gemerkt habe, dass sich das negativ auf meine Ausdrucksweise auswirkte. Stattdessen habe ich mir irgendwelche Politik-Talkshows oder Nathan-der-Weise-Kritiken angehört. Manchmal habe ich sogar nach diesem verrückten Typen auf YouTube gegoogelt, der Mathe-Lieder singt. Ja, das klingt vielleicht spießig, es war auch nicht immer zu 100 Prozent effektiv und vieles konnte ich nicht direkt für die Arbeiten gebrauchen, aber darum ging es auch gar nicht: Mir hat es einfach geholfen, dass ich sogar in der Zeit, in der ich nicht aktiv gelernt habe, trotzdem in irgendeiner Form „im Thema drin" blieb. Und gerade nach solchen Phasen sind mir die Fragen in der anschließenden Arbeit meist ziemlich leicht vorgekommen.

Wenn also mal wieder so eine anstrengende Phase beginnt, ganz gleich ob erwartet oder überraschend, ist nur eines wichtig – dass du dich zusammenreißt. Natürlich war auch ich am Anfang meist deprimiert, weil ich genau wusste, dass ich jetzt wieder auf Dinge verzichten musste, die mir Spaß machen, und dafür bis abends an den Schulsachen sitzen würde. Doch ich habe mir dann immer wieder bewusst gemacht, dass das alles nur für eine sehr begrenzte Zeit der Fall ist. Vielleicht hilft es dir auch, wenn eine kleine Belohnung am Ende dieser Zeit auf dich wartet: Das kann zum Beispiel eine große Feier, ein Zocker-Wochenende mit deinen Freunden oder vielleicht sogar eine kleine Reise sein. Denk dir etwas aus, worauf du dich wirklich freust! Das hilft dir, bei der Stange zu bleiben.

Halte dir auch immer wieder vor Augen, dass nach dieser Stressphase wieder bessere Zeiten kommen. Und das Gute dabei ist: Die besseren Zeiten sind deutlich länger als die anstrengenden Phasen. Denk mal an mein Beispiel zurück: Ende November, Anfang Dezember brach alles auf einmal über mich herein. Kurz darauf war ja aber schon Notenschluss, und die letzten zwei Wochen bis zu den Weihnachtsferien waren wirklich entspannt. Dann kamen die Ferien, und danach hatte ich nur noch vier Wochen am Stück Schule, in denen auch kaum etwas gemacht wurde – das hatten wir ja alles schon abgearbeitet.

Anschließend warteten schon die nächsten Ferien, die Winterferien, auf mich. Insgesamt waren das neun Wochen voller Entspannung, Party, Zocken und Zeit mit der Familie. Und die nächste wirklich anstrengende Phase begann dann erst wieder im Mai, als die intensive Abiturvorbereitung losging.

Und nicht zuletzt solltest du dir klar machen, dass Horrorphasen zwar zum Kotzen sind, aber auch immens wichtig: In diesen kurzen Phasen legst du den Grundstein für die schönen Zeiten, in denen du deine Erfolge genießen und entspannt auf der Welle mitschwimmen kannst. Dank der Power-Phase, die ich eingelegt hatte, waren meine Tests und Klausuren nämlich super ausgefallen, und ich bekam mein bis dahin bestes Zeugnis, seit ich auf dem Gymnasium war. Über 50 Prozent der Noten auf diesem Zeugnis haben sich aus den Tests und Klausuren dieser wenigen anstrengenden Wochen zusammengesetzt – das hatte sich also wirklich gelohnt. Auch für das duale Studium bekam ich eine Zusage, und sogar die Facharbeit fiel gut aus. So konnte ich die nächsten Wochen und Monate gleich doppelt so zufrieden und entspannt genießen.

Teil 3: Dein Verhalten in der Schule

In den ersten beiden Teilen dieses Buches hast du gelernt, wie du bei Hausaufgaben und Klausuren mit weniger Zeitaufwand bessere Ergebnisse erreichst. Jetzt kommen wir zur dritten Säule deines Erfolges – deinem Verhalten in der Schule.

Wie du dich in der Schule verhältst, hat einen erheblichen Einfluss darauf, wie deine Noten am Ende ausfallen. Vor allem die mündliche Mitarbeit im Unterricht kann sich maßgeblich auf deine Bewertung auswirken. Wenn du da nicht punktest, wirst du am Ende nur mittelmäßige Zensuren bekommen, auch wenn du schriftlich noch so gut ablieferst. Außerdem solltest du niemals vergessen, dass Lehrer auch nur Menschen sind: Sie sollten zwar persönliche Vorlieben und Abneigungen nicht in die Noten einfließen lassen, allerdings weiß jeder, der schon einmal eine Schule besucht hat, dass das so nicht läuft. Wenn dein Lehrer dich nicht leiden kann, weil du dich in seiner Klasse wie der letzte Depp aufführst, wird sich das auch auf deine Note auswirken, so einfach ist das.

Ich werde dir also in diesem Kapitel zeigen, wie du dich verhalten solltest, damit du ganz ohne zu schleimen bessere Noten bekommst. Außerdem verrate ich dir, wie du dich im Unterricht so beteiligst, dass du deine schriftlichen Noten untermauern und sogar weiter verbessern kannst. Das Beste ist, dass dieser Teil mit Abstand am wenigsten Aufwand macht: Es genügen schon ein paar kleine Tricks, und schon kannst du in der Schule zu deinen Gunsten manipulieren und tricksen. Das ist wirklich die einfachste und entspannteste Variante, um bessere Noten zu bekommen.

Du willst mehr wissen? Na, dann legen wir los!

3.1 Mitarbeit ist die halbe Miete

Die mündliche Mitarbeit ist ein wichtiger Baustein für gute Zeugnisnoten. Wie wichtig sie genau ist hängt davon ab, wo du zur Schule gehst. Denn je nach Bundesland, Schule, Fach und Lehrer wird die mündliche Beteiligung ganz unterschiedlich gewichtet: Manchmal macht sie 50 Prozent der Gesamtnote aus, an einigen Schulen sogar 60 Prozent. Anderswo zählt sie lediglich wie ein Test oder noch weniger. Oder sie spielt nur eine Rolle, wenn man schriftlich zwischen zwei Zensuren steht. Und manche Lehrer berücksichtigen die mündliche Mitarbeit für die Gesamtnote überhaupt nicht. Dennoch bleibt sie niemals ganz ohne Beachtung, denn sie ist entscheidend dafür, ob du bei deinem Lehrer einen guten oder einen schlechten Eindruck hinterlässt. Unterschätze also nie, welchen Stellenwert deine Beteiligung im Unterricht hat! Mit einer guten Mitarbeit kannst du vieles ausbügeln und deine schriftlichen Leistungen untermauern oder sogar noch verbessern. Und sie kostet dich nicht einmal zusätzliche Zeit, denn im Unterricht musst du ja sowieso sitzen – ob du nun mitmachst oder nicht.

Deine erste Aufgabe ist es, möglichst schnell herauszufinden, wie viel die mündliche Beteiligung bei deinen Lehrern zählt – und zwar bei jedem einzeln, denn oft gibt es da große Spielräume. Wenn du Glück hast, erläutern deine Lehrer direkt am Anfang des Schuljahres, wie sie die mündliche Mitarbeit in ihrem Unterricht gewichten. Das ist optimal, denn dann kannst du dich gleich von Anfang an darauf einstellen. Schreib dir die Infos dazu auch sofort auf, denn nach drei, vier Fächern verlierst du sonst schnell den Überblick.

Wenn dein Lehrer von sich aus in den ersten Stunden nichts dazu sagt, sprich ihn selbst darauf an. Sonst vergibst du vielleicht wertvolle Chancen, um gute Bewertungen zu sammeln, oder investierst womöglich zu viel Energie in ein Fach, in dem die Mitarbeit überhaupt nicht zählt. Sollte dein Lehrer sich auch auf Nachfrage nicht äußern, bleibt dir nichts anderes übrig als dich erst einmal so zu beteiligen wie in anderen Fächern und abzuwarten, wie das erste Zeugnis ausfällt – dann sollte klar sein, wie der Hase läuft.

Zum Glück hatte ich persönlich noch nie Schwierigkeiten mit der mündlichen Mitarbeit im Unterricht. Im Gegenteil: In Zeiten, wo ich wirklich schlecht in der Schule war, hat mich meine aktive Mitarbeit quasi über Wasser gehalten. Wäre ich auch dort schlecht gewesen, hätte ich die 12. Klasse wahrscheinlich gar nicht mehr erreicht. Dabei habe ich bei weitem nicht immer viel von den Inhalten verstanden, aber meine Mitarbeitsnote war immer gut und meistens sogar sehr gut. Aber ich weiß, dass das nicht jedem liegt: Manche sind von Natur aus eher schüchtern und haben ein Problem damit, sich zu melden und vor der Klasse zu reden. Andere haben vielleicht das Gefühl, dass sie einfach nicht genügend wissen, um mitzuarbeiten. Und wieder andere haben Angst, wegen einer falschen Antwort ausgelacht zu werden. Doch keine Sorge: Was ich geschafft habe, kannst auch du schaffen! Ich verrate dir meine Tricks und zeige dir, wie auch du in jedem Fach eine Eins im Mündlichen bekommen kannst.

Tipp 1: Erhöhe die Schlagzahl

Wenn Lehrer die mündliche Mitarbeit bewerten, unterscheiden sie dabei zwei Faktoren. Der erste ist die Frequenz: Wie häufig meldet sich der Schüler? Einmal pro Stunde? Mehrmals pro Stunde? Oder sagt er nur etwas, wenn er dazu aufgefordert wird? Du ahnst es schon: Je häufiger du dich meldest, desto besser wird der Eindruck bei deinem Lehrer sein – auch wenn nicht jede Antwort richtig ist.

Der erste Schritt, um deine mündliche Mitarbeit zu verbessern, ist daher, die Schlagzahl zu erhöhen und sich öfter zu melden. Setz dir dazu unbedingt ein konkretes Ziel, etwa dass du dich ab sofort in jeder Stunde dreimal melden willst. Dieser Vorsatz ist schnell gefasst. Schwieriger wird es, ihn auch umzusetzen, denn im Unterrichtsalltag gerät er erfahrungsgemäß schnell wieder in Vergessenheit. Und gerade wenn du dich bislang kaum beteiligt hast, braucht es seine Zeit, bis es zur Gewohnheit geworden ist. Hier helfen zum Beispiel folgende Tricks:

- Führe eine Strichliste. Nimm dir dafür einen ganz normalen Stundenplan und mache in der betreffenden Stunde jedes Mal, wenn der Lehrer dich drannimmt, einen Strich. So siehst du schnell, ob du dein selbst gesetztes Soll erfüllst.

- Falls dir eine Strichliste zu streberhaft vorkommt, nutze einfach irgendwelche Gegenstände, wie z.B. Büroklammern, Radierer oder Stifte. Diese legst du zu Beginn jeder Stunde neben deine Federtasche. Und jedes Mal, wenn der Lehrer dich drangenommen hat, wirfst du einen der Gegenstände in die Federtasche zurück. Das Ziel: Am Ende der Stunde darf kein Gegenstand mehr auf dem Tisch liegen.

- Veranstalte insgeheim einen Wettbewerb mit einem Schüler, der sich gut im Unterricht beteiligt: Setze dir das Ziel, dich in den kommenden Stunden häufiger zu melden als er. Mach das aber am besten heimlich und kündige es nicht offen an – du willst ja nicht als Streber abgestempelt werden.

Tipp 2: Melde dich bei allem, was du weißt

Der zweite Faktor bei der mündlichen Beteiligung ist die Qualität deiner Antworten. Die eine oder andere falsche Antwort ist nicht schlimm, aber wer immer nur Blödsinn vorträgt oder nur das wiederholt, was gerade schon gesagt wurde, bekommt am Ende sicher keine Eins. Dafür müssen schon ein paar richtige und sinnvolle Antworten dabei sein.

Auch hier ist die Strategie einfach: Wenn du mündlich punkten willst, solltest du die Quote deiner richtigen Antworten erhöhen und die der falschen Antworten senken. Das geht erstaunlich einfach und komplett ohne Lernaufwand: Du musst dich nur grundsätzlich bei allem melden, was du weißt. Egal wie wenig es ist oder ob du den Zusammenhang verstehst – wenn du die Antwort kennst, muss deine Hand oben sein. So sammelst du mehr Punkte für korrekte Antworten, und der Lehrer sieht, dass du gut mitarbeitest. Und das wiederum senkt das Risiko, dass er dich bei Fragen drannimmt, die du nicht beantworten kannst, weil er von dir lange nichts mehr gehört hat und nicht einschätzen kann, ob du überhaupt irgendetwas verstehst. Und schon erreichst du mühelos dein Ziel, mehr richtige und weniger falsche Antworten zu geben – ohne dass du auch nur eine Minute mehr investieren musst.

Tipp 3: Nutze den Stundenbeginn

Wenn du in der Mitarbeit punkten willst, solltest du den Beginn der Unterrichtsstunde nutzen. Dafür gibt es gleich mehrere Gründe: Zum einen bist du am Anfang der Stunde noch fitter und motivierter als gegen Ende, so dass es dir leichter fallen dürfte, dich aufzuraffen und mitzumachen. Zweitens beginnen viele Lehrer ihre Stunde damit, die Inhalte der vergangenen Stunde kurz zu wiederholen, um daran anknupfen zu konnen. Dabei stellen sie oft vergleichsweise einfache Fragen, bei denen du nur das wiedergeben musst, was ihr schon gemacht habt. Später in der Stunde ist dagegen meist Mitdenken gefordert. Und drittens achten auch viele Lehrer zu Beginn der Stunde noch am meisten auf die Mitarbeit und machen sich vielleicht auch Notizen dazu. Am Ende richtet sich ihre Aufmerksamkeit dagegen oft auf andere Dinge, beispielsweise das Thema schnell noch vor Stundenende durchzubekommen. Bei uns war es auch häufig so, dass gegen Ende der Stunde eher Übungen gemacht wurden, sodass man gar nicht mehr die Möglichkeit hatte mitzuarbeiten. Also: Nutze den Stundenbeginn, um einen guten Eindruck zu hinterlassen! Dann kannst du den Rest der Stunde ganz entspannt bestreiten, da du ja schon eine gute Grundlage geschaffen hast.

Tipp 4: Täusche den Experten vor

Um dir meinen nächsten Tipp zu erklären, würde ich gerne mit einer kleinen persönlichen Geschichte starten: In der elften Klasse machten wir mit unserem Tutorium einen Ausflug an eine Universität. Dort hatten wir mehrere Vorlesungen zu verschiedenen Studiengängen und dem Studieren allgemein. In einer dieser Vorlesungen ging es um das Mathematik-Studium. Der Professor, der diese Vorlesung leitete, gab uns einen „kleinen", vierstündigen(!) Einblick in die Inhalte eines Mathe-Studiums. Ich verstand überhaupt nichts und war nach kurzer Zeit komplett gelangweilt. Meine Gedanken schweiften schnell ab und kreisten fast nur noch um das neue Playstation-Spiel Assassins Creed Unity, das im darauffolgenden Monat herauskommen sollte. Hin und wieder riss ich mich zwischendurch mal kurz zusammen, um wenigstens zu versuchen, etwas von dem wirren Zeug zu verstehen, das der Typ da vorn die ganze Zeit erzählt. Einen winzigen Teil begriff ich sogar, aber dann war ich wieder raus und machte mir lieber darüber Gedanken, wie viele Spiele es wohl in der Assassins Creed-Reihe noch geben würde.

Plötzlich stellte der Professor eine Frage. Ich wurde aus meinen Gedanken gerissen und versuchte sofort instinktiv, möglichst unauffällig auszusehen, damit er mich bloß nicht auffordern würde, seine Frage zu beantworten. Denn natürlich hatte ich nicht den blassesten Schimmer, was er überhaupt gefragt hatte. Auch sonst meldete sich niemand. Deshalb wiederholte der Professor seine Frage noch einmal. Und was für ein Zufall: Die Frage betraf genau das Thema, bei dem ich kurz zugehört hatte! Vorsichtshalber guckte ich mich um, aber es meldete sich immer noch keiner. Also hob ich zögerlich den Arm und gab meine Antwort. Und – sie war richtig!

Der Professor war total begeistert und schwärmte, dass es ja doch noch einen mathematisch interessierten Nachwuchs gäbe. Er fragte mich, ob ich in Mathe und Physik besonders gut sei. (Zu diesem Zeitpunkt hatte ich Physik längst abgewählt, und wenn es gegangen wäre, hätte ich dasselbe am liebsten auch mit Mathe gemacht – was ich an dieser Stelle aber lieber verschwieg.) In seinem weiteren Vortrag redete er dann die ganze Zeit nur noch mit mir, weil er davon ausging, dass ich der einzige wäre, der wirklich etwas davon verstand. Und glücklicherweise saß meine Lehrerin auch mit im Raum und bekam das alles mit. Also ein voller Erfolg, obwohl ich so gut wie nichts kapiert hatte.

Was ist nun die Moral dieser Geschichte? Du musst nicht alles verstehen, um mitarbeitstechnisch herauszuragen. Pass aber im Unterricht immer wieder punktuell auf und versuche für einen kurzen Moment zu verstehen, um was es gerade geht. Du musst definitiv nicht die ganze Stunde lang aufmerksam sein. Das ist bei sehr komplexen Themen oft sogar nachteilig: Ich hätte mir niemals irgendetwas von dem Vortrag des Mathe-Professors merken können, wenn ich probiert hätte, wirklich alles mitzubekommen. Aber da ich nur bei dieser einen Erklärung zugehört hatte, konnte ich sie sogar noch detailliert wiedergeben.

Konzentriere dich daher für die mündliche Mitarbeit lieber auf einige wenige Aspekte, denn die kannst du dir viel besser merken. Und dann nutze die Chance und sag etwas dazu – oder melde dich und stell selbst eine sinnvolle Frage zu dem Thema (siehe auch Tipp 5). Und schon hat der Lehrer den Eindruck, dass du voll und ganz bei der Sache bist und gut mitarbeitest.

Tipp 5: Stelle Fragen

Eine weitere gute Möglichkeit, deine Mitarbeitsnote zu pushen, ist Fragen zu stellen. Wenn du wirklich überhaupt nichts verstehst, kannst du den Lehrer immer noch um Erklärungen bitten. Das zeigt ihm, dass du interessiert am Unterricht bist und das Thema verstehen möchtest. Außerdem bringt dir das aktive Nachfragen Sympathiepunkte: Schließlich ist die Aufgabe eines Lehrers, Dinge zu erklären.

Dafür ist er da. Meistens interessiert es die Schüler aber überhaupt nicht, was der Hampelmann da vorne erzählt. Das ist für Lehrer oft frustrierend (auch wenn sie das Desinteresse oft selbst durch langweiligen Unterricht erst entstehen lassen – aber das ist ein anderes Thema…). Wenn du aber Interesse zeigst und aktiv nachfragst, fühlt sich dein Lehrer gebraucht und gewürdigt, und das steigert sein Selbstwertgefühl. Für dich hat das den Vorteil, dass der Lehrer dich positiv in Erinnerung behält und deine Mitarbeitsnote dadurch besser wird. Und im besten Fall verstehst du sogar wirklich mehr vom Thema und musst dadurch vor der nächsten Klausur weniger lernen.

Wichtig ist dabei, dass du schon halbwegs intelligente Fragen stellst. Wenn du genau das nachfragst, was der Lehrer eben gerade schon mehrfach erklärt hat, kommt das eher nicht so gut an. Auch total offensichtliche Punkte solltest du besser nicht noch einmal hinterfragen – du willst ja nicht, dass er dich für blöd hält. Vermeide grundsätzlich auch sehr allgemeine Fragen wie „Ich verstehe das nicht, können Sie das noch einmal erklären?" Stelle lieber eine ganz konkrete Frage zu einem Detail: „Was genau passiert nochmal mit dem Exponenten beim Ableiten einer e-Funktion?" Dann denkt der Lehrer, dass du den Rest verstanden hättest und ein Interesse daran hast, jeden Schritt nachzuvollziehen.

Fragen stellen solltest du übrigens auch, wenn du das Thema schon verstanden hast und die Antwort gar nicht brauchst. Auch damit kannst du positiv auffallen und deine Mitarbeitsnote verbessern. Lass deinen Lehrer die Frage beantworten, und wiederhole seine Antwort dann noch einmal mit eigenen Worten, also anders formuliert. So zeigst du, dass du seine Antwort wirklich verstanden hast (obwohl du es ja eigentlich schon vorher wusstest). Der Lehrer freut sich, wie gut er erklären kann, und du punktest in der Mitarbeit. Und alle sind glücklich.

Stelle hin und wieder auch Fragen, bei denen du dein Wissen durchblicken lässt und den Eindruck erweckst, du könntest größere Zusammenhänge erkennen. Gute Formulierungen dafür sind zum Beispiel „Ist das auch der Grund, warum…?" oder „Könnte man dann nicht auch sagen, dass…?". Dabei kann es sich durchaus um Zusammenhänge handeln, die der Lehrer schon einmal erklärt hat, wichtig ist nur, dass du sie noch einmal selbst formulierst. Du kannst dazu auch gerne mal ein Schlagwort im Internet eingeben und gucken, welche Themen damit in Verbindung stehen und wo die Zusammenhänge liegen. So schaffst du es, wirklich sehr intelligente Fragen zu stellen, mit denen du deinen Lehrer beeindrucken kannst.

Tipp 6: Punkte sammeln ohne Wissen

Auch wenn du in einem Fach gar keine Ahnung hast, gibt es Möglichkeiten, um deine Mitarbeitsnote zu verbessern. Du kannst dich zum Beispiel an Diskussionen und Meinungsfragen beteiligen: Hier gibt es kein Richtig oder Falsch, und du musst auch nicht mit übermäßig viel Faktenwissen punkten können. Wenn es beispielsweise darum geht, ob die Todesstrafe in Deutschland eingeführt werden sollte, dann ist es nicht zwingend notwendig zu wissen, in welchen Ländern es die Todesstrafe gibt oder wie die Rechtslage in Deutschland dazu aussieht. Es kommt nur auf deine Meinung an. Stelle dir Fragen wie: Was sagt dein Bauchgefühl? Findest du es ethisch/moralisch richtig oder falsch? Kannst du vielleicht ein Beispiel anführen?

Wenn es dir auch hier schwer fällt dich zu melden, weil du häufig gar keine eigene Meinung zu den Themen hast oder weil du dich nicht traust, sie zu sagen, dann habe ich noch eine weitere Möglichkeit für dich: Melde dich bei den supereinfachen Fragen. Die Karikatur beschreiben, eine Aufgabenstellung vorlesen, im Sportunterricht beim Aufbauen helfen und so weiter. Jeder Grundschüler könnte das. Wenn du also inhaltlich wirklich nicht mitarbeiten kannst, melde dich bei jeder dieser Fragen oder Aufgaben: Wenn der Lehrer fragt, auf welcher Seite die Hausaufgabe waren, schnellt deine Hand in die Luft; wenn jemand einen Text aus dem Buch vorlesen soll, schnellt deine

Hand in die Luft; wenn ein Bild beschrieben werden soll, dann muss verdammt nochmal deine Hand oben sein. Es gibt nicht viele wirklich schwierige Fragen bei den meisten Lehrern. Der Großteil sind extrem einfache Fragen oder Bitten, für die du wahrscheinlich bisher nur zu faul warst, deinen Arm zu heben. Wenn du dieses Verhalten änderst und der Lehrer sich darauf verlassen kann, dass deine Hand oben ist, bist du einer guten Note in der Mitarbeit schon einen großen Schritt näher gekommen.

Tipp 7: Der Mitarbeitstrick für Chiller

Als nächstes habe ich noch einen Trick für dich, für den du wirklich gar nichts wissen oder können musst: Wenn der Lehrer eine Frage stellt und er gerade dabei ist den Namen eines Mitschülers zu nennen, der sich meldet, dann nimm genau in diesem Moment deine Hand hoch. Du kannst dir ziemlich sicher sein, dass der Lehrer dich nicht rannimmt, denn er ist ja schon dabei, deinen Mitschüler aufzufordern. Aber er bekommt mit, dass du dich auch meldest und scheinbar die Antwort weißt. Das kannst du ruhig bis zu drei Mal in einer Stunde machen, und mit etwas Glück hast du dann schon drei halbe Mitarbeitspunkte gesammelt, ohne auch nur ein Wort zu sagen.

Ganz wichtig: Nutze diesen Trick nur, wenn der Lehrer einen Mitschüler auffordert, der sich auch wirklich selbst gemeldet hat und die Antwort wahrscheinlich weiß! Denn ist die Antwort falsch, könnte der Lehrer dich als nächstes fragen. Du kannst dann zwar immer noch behaupten, dass du genau das gleiche sagen wolltest, aber optimal ist das nicht – auch wenn es natürlich immer noch besser ist als sich gar nicht zu melden.

Und pass auf, dass du den Chiller-Trick nicht übermäßig nutzt: Sonst besteht nämlich die Gefahr, dass dein Lehrer dich durchschaut. Deshalb sollte deine mündliche Mitarbeit keinesfalls nur aus diesem einen Trick bestehen. Aber als Ergänzung ist er super!

Tipp 8: Sprich über deine Ziele

Du willst mündlich eine Eins haben? Dann sag genau das deinem Lehrer. Geh am Anfang des Schuljahres bzw. des Semesters zu ihm hin und erkläre, dass du eine Eins in der Mitarbeit haben möchtest. Frag ihn, was für Anforderungen er dafür hat, und bitte ihn, genau darauf zu achten, ob du die Anforderungen erfüllst oder nicht. Auf diese Weise hast du dir schon mal seine Aufmerksamkeit gesichert.

In den ersten Stunden solltest du dich dann ordentlich ins Zeug legen, damit der Lehrer gleich einen guten Eindruck von dir bekommt und dein Ziel als realistisch ansieht. Sprich ihn nach ein paar Stunden auch noch einmal an und frag, ob du auf dem richtigen Weg bist, um dein Ziel in der mündlichen Note zu erreichen. Wenn nicht, streng dich noch ein paar Stunden lang ordentlich an und frage ihn erneut, bis er mit deiner Leistung zufrieden ist. Danach kannst du es ein bisschen entspannter angehen lassen. Aber bleib bitte am Ball, damit der gute Eindruck bestehen bleibt.

Wenn es dann gegen Ende des Halbjahres um die Vergabe der Mitarbeitsnote geht, gehst du wieder zum Lehrer hin und fragst ihn, ob du seine Bedingungen erfüllt hast. Er weiß genau, dass dein Ziel eine Eins war, und du hast gleich zu Beginn einen guten Eindruck hinterlassen. Nun muss er entscheiden: Gibt er dir die Eins oder nicht?

Aus meiner Erfahrung kann ich sagen: Solange du die mündliche Mitarbeit nicht komplett eingestellt hast, kriegst du in den meisten Fällen deine Eins. Und wenn nicht, bekommst du im schlechtesten Fall eine Zwei. Denn du hast ja mit deinem Lehrer immer über eine Eins verhandelt – wenn er dir jetzt eine Drei geben wollte, müsste er das ja irgendwie rechtfertigen und dir auch erklären, warum er dir nicht früher gesagt hat, dass du mehr tun müsstest, um dein Ziel zu erreichen, das er ja von Anfang an kannte. Also lautet die Frage eigentlich nur noch: Eins oder Zwei? Alle anderen Möglichkeiten hast du durch diesen einfachen Trick praktisch ausgeschlossen.

Tipp 9: Wähle den richtigen Platz

Kein Mitarbeitstrick der Welt wird dich weit voranbringen, wenn du ständig quatschst und den Unterricht störst. Du kannst mit deinem Lehrer auch nicht über eine Eins verhandeln, wenn du gar keine Bedingungen erfüllt hast und nur negativ aufgefallen bist. Selbst wenn du mal nicht so stark mitarbeitest, musst du wenigstens ruhig sein. Und das klappt in den seltensten Fällen, wenn du weiterhin bei deinen besten Freunden sitzt. Denn da ist die Versuchung riesengroß, während der Stunde alles zu machen, außer sich am Unterricht zu beteiligen – und die Note ist dahin.

Natürlich gibt es ab und zu auch Ausnahmen von dieser Regel: Wenn deine Freunde wirklich gut in der Schule sind und du bessere Noten schreibst und mündlich aktiver bist, wenn du in ihrer Nähe sitzt, dann kannst du natürlich auch da sitzen bleiben. Aber lass uns ehrlich sein: Das kommt ausgesprochen selten vor.

Viel wahrscheinlicher ist es, dass deine Freunde dich im Unterricht eher ablenken und von der Mitarbeit abhalten. Dann gibt es nur eines, was du tun kannst: Sei konsequent und setz dich neben sehr gute Schüler oder zumindest Schüler, die sehr gut mitarbeiten. Dann bist du weniger abgelenkt, kannst im Unterricht besser aufpassen, und es wird dir leichter fallen, dich öfter zu melden, weil sie es auch tun. Du wirst dann einfach von ihrer Leistung „mitgezogen".

Von allen Tipps zur mündlichen Mitarbeit ist dieser am effektivsten, aber auch am schwierigsten umzusetzen. Deine Freunde werden nämlich verärgert sein und dich überreden wollen, dich wieder zu ihnen zu setzen. Und ich weiß, dass du selbst natürlich auch am liebsten bei deinen Freunden bleiben würdest. Gerade am Anfang ist es wirklich schwer durchzuhalten, aber es lohnt sich: Mit der Zeit werden sich deine Freunde schon daran gewöhnen, und du wirst bessere Ergebnisse erzielen können. Behalt dein Ziel, den 1er-Schnitt, vor Augen und dann zieh es durch.

Tipp 10: Schätze dich selbst richtig ein

Viele Lehrer fordern von ihren Schülern eine Selbsteinschätzung ihrer mündlichen Leistungen ein, bevor sie die Mitarbeitsnote verkünden. Offiziell heißt es dazu, die Schüler sollten auf diese Weise lernen, sich selbst einzuschätzen. In Wirklichkeit jedoch haben viele Lehrer überhaupt keinen Plan, wie sie deine Leistungen im Unterricht bewerten sollen. Überschlage doch mal, in wie vielen Klassen mit jeweils wie vielen Schülern ein Lehrer durchschnittlich pro Schuljahr unterrichtet. Dass er da für jeden einzelnen Schüler genau im Kopf hat, wie dieser in den vergangenen Monaten mitgearbeitet hat, kommt eher selten vor. In der Regel merken sie sich nur, wer überdurchschnittlich gut war (gut für dich, wenn du dazu zählst!) und auch wer unterirdisch schlecht war. Aber bei allem, was dazwischen liegt, nutzen Lehrer meist die Selbsteinschätzung eines Schülers als Grundlage, um sich auf eine mündliche Note festzulegen. Und genau das kannst du zu deinem Vorteil nutzen!

Viele Schüler machen bei der Selbsteinschätzung einen gravierenden Fehler: Sie schätzen sich selbst zu schlecht ein, weil sie Angst haben, von dem Lehrer einen Korb zu kassieren. Ich habe es oft erlebt, dass Mitschüler, die eigentlich eine Zwei verdient hätten, in der Selbsteinschätzung lieber eine Drei angaben, um nicht enttäuscht zu werden – meist in der Hoffnung, dass der Lehrer ihre tatsächliche Leistung anerkennen und ihnen doch die Zwei geben würde. Genau das passierte dann aber nicht: Der Lehrer nickte, notierte die Drei, und das Thema war durch.

Mache dir bewusst, dass du mit deiner Selbsteinschätzung die Möglichkeit hast, die Verhandlungsgrundlage zu schaffen! Du stellst das erste Angebot! Das ist ein bisschen wie auf einem orientalischen Basar: Der Händler nennt anfangs einen lächerlich hohen Preis, daraufhin nennt der potentielle Käufer einen peinlich niedrigen Preis, und meist einigen sich dann beide Parteien irgendwo in der Mitte. Hätte der Verkäufer mit dem realistischen Preis begonnen, hätte der

Käufer trotzdem wieder gehandelt, und der Preis wäre am Ende deutlich niedriger ausgefallen.

Genauso ist das auch mit den Mitarbeitsnoten: Du machst das erste Angebot! Wenn du also wirklich gut mitgearbeitet hast – und das sollte mit den Tipps aus diesem Kapitel ja nun ein Leichtes sein! – darfst du bei der Selbsteinschätzung auch nicht zögern, mit vollem Selbstbewusstsein eine Eins einzufordern. Das ist anfangs sehr ungewohnt, lohnt sich aber: Selbst wenn der Lehrer dir die glatte Eins nicht gibt, stehen die Chancen gut, eine Eins minus oder Zwei plus zu bekommen. Wenn du dagegen nur mit einer Zwei in die Verhandlung gehst, wird auch nicht mehr dabei herauskommen.

Eines solltest du aber berücksichtigen: Da wir hier im deutschen Schulsystem und nicht auf einem orientalischen Markt sind, darfst du dein Angebot nicht allzu lächerlich gestalten, sonst blockt der Lehrer sofort ab. Wenn du beispielsweise realistisch gesehen eine glatte Vier verdient hättest, darfst du dir um Himmels Willen keine Eins geben. Der Lehrer würde dann nämlich nur kurz schmunzeln und dir dann die Vier reindrücken. Forderst du aber selbstbewusst und ohne zu zögern eine Zwei minus, kommt dein Lehrer vielleicht ins Grübeln, ob er dich doch falsch eingeschätzt hat. Und da Menschen in der Regel konfliktscheu sind, wird er dir wahrscheinlich keine Vier mehr geben, da der Unterschied zu deiner Selbsteinschätzung zu groß ist und du ja eine Begründung für die deutlich schlechtere Note erwarten könntest. Eine Zwei minus wird er dir natürlich auch nicht geben, denn er wird sich nicht eingestehen wollen, dass er so sehr danebenlag. Aber vielleicht könnt ihr euch auf eine Drei einigen. Und schon hast du dich mündlich um eine ganze Note hochgehandelt.

3.2 Die Kunst der Manipulation – wie du jeden Lehrer für dich gewinnst

Du kannst so gut sein wie du willst: Wenn deine Lehrer dich nicht mögen, wirst du immer schlechtere Noten bekommen als du eigentlich verdienst. Denn egal wie sehr sie es auch betonen – Lehrer geben keine objektiven Noten. Viele strengen sich zwar wirklich an, um fair zu bewerten, aber komplett neutral zu bleiben schafft niemand. Lehrer kennen ihre Schüler ja aus dem Unterricht und haben daher einen grundsätzlichen Eindruck von ihnen – positiv, neutral oder negativ. Und klar wird da bei dem Asi aus der letzten Reihe, der überall hinrotzt und ständig aufmüpfige Sprüche bringt, jeder auch noch so kleine Fehler angestrichen, während bei dem Musterschüler, der immer seine Hausaufgaben macht und fleißig aufpasst, eher mal ein Auge zugedrückt wird.

„Das ist aber ungerecht!", wirst du jetzt vielleicht sagen. Und damit hast du sogar Recht. Andere Länder haben das auch erkannt: So hat Finnland beispielsweise schon vor langer Zeit eingeführt, dass Arbeiten nur noch von Lehrern kontrolliert werden dürfen, die nicht in der jeweiligen Klasse unterrichten, um eine möglichst neutrale Bewertung zu erreichen. Ob dieses System nun besser ist oder nicht, darüber ließe sich sicher diskutieren, aber das ist für uns auch gar nicht wichtig. Denn Fakt ist: Bei uns in Deutschland spielen Sympathie und Antipathie eine entscheidende Rolle bei der Bewertung. Und das nicht nur bei Tests und Klausuren, sondern erst recht bei der mündlichen Mitarbeitsnote, wo Lehrer den größten Ermessensspielraum haben. Es bringt aber nichts, sich darüber zu beschweren, denn du kannst diese Ungerechtigkeit nicht ändern.

Was du aber tun kannst, ist diesen Umstand zu deinen Gunsten auszunutzen: Sorge dafür, dass deine Lehrer einen positiven Eindruck von dir bekommen! Das ist ein ganz wichtiger Schritt auf dem Weg, zu den Besten des Jahrgangs zu gehören. Schließlich ist es immer besser, mit anderen für eine Sache zu kämpfen als gegen sie. Und das gilt umso mehr, wenn du von diesen „anderen" abhängig bist.

Natürlich kannst du nicht alle Lehrer leiden. Vielleicht sogar nur die wenigsten. Und auch einige Lehrer werden dich nicht mögen. Vielleicht sogar die meisten. Dein Ziel sollte es sein, den zweiten Punkt zu ändern. Denn ob du deine Lehrer sympathisch findest oder nicht ist relativ egal – aber sie sitzen, wie man so schön sagt, am längeren Hebel. Deshalb ist es wichtig, dass sie nicht schon mit den Augen rollen, sobald dein Name genannt wird.

Doch wie schaffst du es, die Lehrer auf deine Seite zu bekommen, ohne dabei zum Schleimer zu werden? Wie bringst du sie dazu, an deiner Seite zu kämpfen und nicht gegen dich?

Genau das verrate ich dir in diesem Kapitel.

Dein allgemeines Verhalten

Wenn du bei deinen Lehrern gut ankommen willst, achte zunächst auf dein allgemeines Verhalten. Damit ist gemeint, wie du dich gibst und auf andere Menschen wirkst. Das fängt schon mit deiner Art zu laufen und zu sitzen an: Wenn du im Halbschlaf durch die Gänge schlurfst und dich dann im Klassenzimmer gelangweilt auf deinen Stuhl schmeißt, brauchst du dich über einen negativen Eindruck nicht zu wundern. Setz dich also ordentlich hin und achte darauf, wie du dich bewegst.

Zweitens: Wenn deine Lehrer Regeln aufstellen, halte dich daran. Und auch Spielräume musst du nicht bis zum äußersten ausreizen: Wenn es beispielsweise erlaubt ist, im Unterricht zu trinken, aber du weißt ganz genau, dass ein bestimmter Lehrer das nicht gerne sieht, dann lass es bei ihm einfach sein. Oder wenn dein Lehrer dich anschnauzt, dass du zu Stundenbeginn deine Sachen ausgepackt haben sollst, dann diskutiere nicht, dass du ja noch zwölf Sekunden hast, sondern pack einfach dein Zeug aus. Jede Provokation bleibt deinem Lehrer negativ im Gedächtnis. Und du kannst dich darauf verlassen, dass das in deine Bewertung einfließt.

Achte aber auch darauf, was für ein Typ dein Lehrer ist: Es gibt nämlich auch diejenigen, die in ihrer Jugend selbst viel Mist gebaut haben und die Welt eher ein bisschen lässiger sehen. Bei ihnen solltest du es nicht übertreiben mit der Ordentlichkeit, das kommt gar nicht immer gut an. Versuche stattdessen herauszufinden, worauf sie Wert legen. Einer meiner Lehrer war beispielsweise ein lockerer Typ, der es mit der Rückgabe von Tests nie sonderlich eilig hatte, am Wochenende gerne mit seinen Jungs einen trinken ging und den Großteil der Unterrichtszeit nutzte, um über die Fußballbundesliga zu quatschen. Wenn du bei so einem Lehrer zu sehr auf ordentliches Verhalten achtest, kann es schnell passieren, dass du dich besser benimmst als der Lehrer, und das kommt weder bei ihm noch bei deinen Mitschülern gut an. Stattdessen konnte ich bei meinem Lehrer Sympathiepunkte sammeln, wenn ich über die Highlights der Spiele vom Wochenende Bescheid wusste. Bei meiner Biolehrerin dagegen sah das ganz anders aus: Sie war gleichzeitig die Direktorin der Schule, und sie lebte für ihren Beruf. In jeder Stunde war sie top vorbereitet und hielt wirklich abwechslungsreichen Unterricht. Sie verlangte allerdings auch viel von einem und legte großen Wert auf gute Umgangsformen. Logischerweise habe ich mich bei ihr dann auch ganz anders verhalten und ein anderes Bild verkörpert als bei dem chilligen Typen.

Wenn du noch nicht weißt, wie dein Lehrer tickt, dann verhalte dich anfangs lieber neutral, um den wichtigen ersten Eindruck nicht zu versauen. Dann beobachte eine Weile, wie der Lehrer auf unterschiedliche Situationen und Schülertypen reagiert. Mit der Zeit wirst du ein immer klareres Bild davon bekommen, worauf er Wert legt und was er überhaupt nicht ausstehen kann – und das wiederum gibt dir die Möglichkeit, dich Stück für Stück zu seinem Wunsch-Schüler zu entwickeln.

Keine Sorge, du sollst dich natürlich nicht total verstellen und deinem Lehrer auch nicht in den Hintern kriechen. Aber jeder Mensch hat verschiedene Facetten – und diese kannst du doch einfach bei den einzelnen Lehrern unterschiedlich stark gewichten. Damit bricht man sich keinen Zacken aus der Krone. Stell dir am besten vor, wie dein Lehrer wohl selbst in seiner Jugend gewesen sein könnte, und versuche, dich ähnlich zu verhalten. Menschen empfinden einfach mehr Empathie für jemanden, wenn sie sich mit ihm identifizieren können. Das kannst du für deinen Vorteil nutzen!

Ein Trick wirkt allerdings bei allen Lehrern: Lächeln. Mach das so oft wie möglich. Lächle deinen Lehrer freundlich an, wenn du ihn auf dem Flur triffst. Lächle, wenn du in den Klassenraum kommst. Lächle, wenn du dich meldest. Lächle, wenn du den Lehrer etwas fragst oder eine Antwort gibst. Erst einmal wirst du feststellen, dass du viel besser gelaunt durch den Tag kommst. Lächeln setzt Glückshormone frei – sogar wenn es nicht ehrlich, sondern gespielt ist. Aber noch viel wichtiger: Auch deine Lehrer werden sich besser fühlen! Denn nichts ist frustrierender, als vor einer Klasse zu stehen und nur in genervte und gelangweilte Gesichter zu blicken. Schon eine positive Ausnahme kann da einen großen Unterschied machen. Je öfter du das machst, desto mehr prägt sich das ins Unterbewusstsein deines Lehrers ein. Und schon bald wird er dein Gesicht und deinen Namen automatisch mit einem positiven Gefühl assoziieren und dir bei der Benotung viel wohlgesonnener sein. Also: Immer schön lächeln, und dein Lehrer kann dich gar nicht nicht mögen.

Die richtige Meinung

Es ist schön, wenn du dich für Dinge interessierst und auch eine konkrete persönliche Meinung zu Themen hast. In der Schule kann das allerdings manchmal hinderlich sein. Denn auch wenn Lehrer immer wieder betonen, dass sie es toll finden, wenn Schüler eine eigene Meinung haben – in Wirklichkeit können die meisten von ihnen die

Argumentation ihrer eigenen Meinung immer besser nachvollziehen als die einer anderen. Deshalb rate ich dir, im Unterricht möglichst die Meinung des Lehrers zu vertreten.

Der ein oder andere mag jetzt empört sein, weil ich vermeintlich dazu aufrufe, dass ihr eure eigene Meinung „leugnen" sollt, wenn sie nicht der des Lehrers entspricht. Deshalb möchte ich das an dieser Stelle auch gleich relativieren: Wenn du wirklich von Grund auf von etwas überzeugt bist, in diesem Thema extrem viel Ahnung hast und schlüssig argumentieren kannst, dann kommt es bei einigen Lehrern sogar gut an, wenn du eine andere Meinung hast. Auch wenn du merkst, dass der Lehrer extremistische, fremdenfeindliche, homophobe oder rassistische Ansichten vertritt, musst du diese Sichtweise natürlich keinesfalls vortäuschen. Wenn der Lehrer so eine Position vor der Klasse offen vertritt, ist ein Besuch bei der Schulleitung wahrscheinlich die einzige sinnvolle Option.

Aber von diesen Extremfällen abgesehen schadet es doch nicht, wenn du dich ein bisschen der Meinung der Lehrer anpasst. Ob der Sprachwandel in Deutschland nun eine gute oder schlechte Entwicklung darstellt, ist jetzt auch kein weltbewegendes Thema. Dann sind Anglizismen in der deutschen Sprache halt mal der Ursprung alles Bösen, na und? Das hat nichts damit zu tun, dass man nicht zu seiner Meinung steht oder nicht für seine Überzeugungen kämpft, aber dieser Kampf muss ja nicht unbedingt in der Schule auf Kosten deiner Noten stattfinden.

Nachdem das geklärt ist, widmen wir uns lieber der Frage: Wie findest du heraus, welche Meinung dein Lehrer vertritt? Denn die meisten Lehrer zeigen das nicht offen, sondern versuchen, möglichst neutral zu wirken. Doch wenn du sie genau beobachtest und auf kleine Anzeichen und wertende Kommentare am Rande achtest, kannst du daraus die Grundeinstellung deines Lehrers erkennen – also ob er liberal ist oder eher konservativ, kapitalistisch (was nur wenige Lehrer sind) oder kommunistisch, sozial eingestellt und umweltbewusst, politisch eher links oder eher rechts und so weiter. Und wenn du diese grundsätzliche Orientierung erkannt hast, kannst du dir daraus seine Meinung zu vielen Themen ableiten und entsprechend auftreten. Ist dein Lehrer zum Beispiel in der DDR aufgewachsen und bringt öfter mal Sprüche wie „Es war auch nicht alles schlecht damals!"? Außerdem kommen immer wieder kleine Spitzen gegen die USA? Dann würde ich an deiner Stelle im Unterricht auch eher eine anti-amerikanische Sichtweise vertreten.

Ein weiteres Indiz für die Haltung eines Lehrers ist seine Kleidung: Trägt der Lehrer zum Beispiel öfter dieselben Klamotten, aber niemals Markensachen, dann kann das ein Hinweis für einen eher alternativen, antimaterialistischen Lebensstil sein. Dieser kommt bei Lehrern übrigens recht häufig vor. Meist stehen bei diesen Lehrern auch Umweltschutz und soziales Engagement ganz weit oben auf der Prioritätenliste. Argumentiere also ruhig öfter mal in diese Richtung – schaden kann es nicht.

Um herauszufinden, welche Grundeinstellung dein Lehrer hat, kannst du auch noch folgenden Trick anwenden: Lass deinen Blick etwas schweifen, wenn du mit ihm sprichst. Wenn er deinem Blick folgt, ist er in der Regel eher liberal eingestellt, falls nicht, zählt er meist zu den konservativen Typen. Diesen Trick habe ich mir übrigens nicht ausgedacht, sondern mal in einem Bericht gesehen. Daraufhin habe ich es bei meinen Lehrern ausprobiert, von denen ich die Einstellung schon kannte, und tatsächlich: Bei vier von fünf Lehrern hat es geklappt! (Und der eine konservative Lehrer, der meinen Blicken trotzdem gefolgt ist, war wahrscheinlich einfach nur verwirrt.)

Sobald du die Grundeinstellung deines Lehrers kennst, kannst du im Unterricht entsprechend argumentieren und auch hin und wieder mit kleinen Bemerkungen am Rande durchblicken lassen, dass du dieselbe Einstellung wie dein Lehrer hast – auch wenn du vielleicht nur vorgibst, sie zu haben. Und schon hast du deine Chancen erhöht, auf ihn sympathisch zu wirken.

Vorsicht vor Zwickmühlen

In einigen Quellen habe ich den Rat gelesen, dass es bei Lehrern sehr gut ankäme, wenn du ein Hobby vortäuschen würdest, das zu ihrem Fach passt – also wenn du beispielsweise in Biologie erzählst, du würdest irgendwelche Pflanzen züchten, um deren Wachstum zu beobachten. Das klingt in der Theorie nicht schlecht und macht auch sicher erstmal einen guten Eindruck bei deinem Lehrer, aber meiner Erfahrung nach gerät man damit ganz schnell in eine Zwickmühle: Meistens wollen die Lehrer dann nämlich, dass man sein Hobby in irgendeiner Weise vorstellt. Und das wird dann schwierig, wenn man eigentlich den ganzen Tag nur Fußball oder Playstation spielt und erst einmal googeln muss, wie die Pflanze überhaupt aussieht, von der man behauptet hat, sie zu züchten. Deshalb rate ich eher davon ab, ein Hobby vorzutäuschen: Es ist einfach zu riskant und kann in wirklich viel Arbeit ausarten.

Anfassen

Das darf jetzt nicht missverstanden werden: Ich rede nicht davon, dass du dich auf irgendwelche körperlichen Beziehungen mit einem/einer Lehrer/-in einlassen solltest, um bessere Noten zu kriegen! Das klappt vielleicht in Amerika, aber nicht bei uns – abgesehen davon, dass es rechtlich auch gelinde gesagt hcikcl wäre…

Ich spreche vielmehr davon, dass kurze Berührungen an der Schulter oder am Arm dazu beitragen können, dass dein Lehrer unterbewusst Vertrauen zu dir aufbaut. Das hat auch gar nichts speziell mit Lehrern zu tun, sondern es ist generell ein Phänomen der menschlichen Interaktion: Wenn du jemandem eine Frage stellst, erhöhen sich die Chancen auf eine ehrliche Antwort enorm, wenn du ihn dabei am Arm oder der Schulter berührst.[7] Das baut Vertrauen auf – und Menschen fällt es sehr schwer, vertraute Personen zu belügen oder ihnen etwas Schlechtes anzutun.

Wenn du also deinen Lehrer nach der Stunde etwas fragst oder ihn auf dem Flur triffst, kann es sinnvoll sein, ihn kurz zu berühren. Das muss natürlich ganz unauffällig geschehen und darf nicht im Entferntesten anzüglich erscheinen! Egal wie gut die neue Referendarin aussieht – ein Klaps auf den Hintern hat noch nie gute Noten gebracht, sondern eher ein Gespräch mit der Schulleitung und deinen Eltern.

Wenn der Lehrer aber mit dem Rücken zu dir steht und du ihn an der Schulter oder am Oberarm antippst, damit er sich zu dir umdreht, kommt das weder komisch noch anzüglich rüber, und du profitierst trotzdem von dem vertrauenserweckenden Effekt.

Geschickt verhandeln

Wenn du als kleines Kind etwas haben wolltest, wie etwa mehr Taschengeld oder ein neues Spielzeug, hast du mit hoher Wahrscheinlichkeit das Prinzip des „Priming" angewendet. Dieses Prinzip besagt, dass du erst ein paar positive, überzeugende Dinge einwerfen solltest, bevor du deine eigentliche Bitte vorträgst, weil dein Gegenüber dann eher geneigt ist, auf deine Bitte einzugehen. Als Kind hast du in solchen Situationen vielleicht zunächst erzählt, dass du eine gute Note geschrieben hast oder dein Lehrer dich heute gelobt hat. Oder du hast beiläufig erwähnt, dass du in letzter Zeit dein Zimmer immer ordentlich gehalten hast oder anderweitig deinen Haushaltspflichten nachgekommen bist.

Genauso funktioniert das auch bei Lehrern – und du kannst damit Verhandlungen über die Mitarbeitsnote oder einen Test deutlich erfolgreicher gestalten. Führe also immer zunächst an, dass du dich positiv entwickelt hast, und äußere erst im Anschluss deinen Wunsch. So wird der Lehrer eher darauf eingehen, weil du ja gleich eine Begründung mitgeliefert hast, warum er dies tun sollte. Eventuelle Gegenargumente (zum Beispiel dass du ein paar Stunden verpasst hast) lässt du dabei geschickt weg. [8]

Ein weiterer Trick in der Verhandlungskunst sind rhetorische Fragen, beispielsweise „Sie wollen doch auch, dass ich eine gute Note bekomme, oder nicht?" oder „Sie haben doch auch ein Interesse daran, dass der Test gut ausfällt, dann lassen Sie ihn uns doch lieber in der nächsten Stunde schreiben, okay?". Auf Fragen wie diese fällt es vielen Lehrern schwer, mit Nein zu antworten. Und dadurch erhöhen sich deine Chancen, dass die Bitte erfüllt wird.

Du kannst auch versuchen, die Antwort deines Lehrers zu beeinflussen, indem du unauffällig nickst, während du deine Frage stellst. Viele Menschen nehmen das im Unterbewusstsein wahr und sind dann eher geneigt, dir zuzustimmen und die Frage mit ja zu beantworten. Das klappt natürlich nicht immer, aber es schadet auch nicht, es zu probieren.

Das Wichtigste beim Verhandeln ist aber, dass der Lehrer dich als Gesprächspartner ernst nimmt. Du solltest also nicht blöd herumgrinsen oder einen auf lässig machen. Denn wenn du über eine Note verhandeln willst, bist du sowieso schon in der schwächeren Position. Und wenn dein Lehrer dann noch das Gefühl hat, dass er sich vor dir gar nicht zu rechtfertigen braucht, weil du eh nur den Klassenclown spielst, bist du raus. Also: Reiß dich zusammen, nimm den Kopf hoch und schau deinen Lehrer an. Sprich freundlich und ruhig, aber mit fester Stimme. Wenn du so selbstbewusst auftrittst, wird dein Lehrer dich und dein Anliegen viel ernster nehmen, und deine Chancen erhöhen sich, dass die Verhandlung erfolgreich verläuft.

Keinen Stress machen

Vielleicht erinnerst du dich: Im Kapitel Hausaufgaben habe ich dir gesagt, dass du steuern kannst, wofür du deine Noten bekommst, indem du Hausaufgaben freiwillig zum Benoten abgibst. Und ich habe dir geraten, immer wieder mal Aufgaben freiwillig abzugeben, die dir besonders gut gelungen sind. Aber mach das bitte auch nicht zu oft:

Bei allem Nutzen, den du daraus ziehen kannst, solltest du nämlich auch bedenken, dass die Kontrolle deiner Aufgaben auch Arbeit für deine Lehrer bedeutet. Und genau wie du haben nur die Wenigsten darauf wirklich Bock. Wenn du also ständig irgendetwas abgibst, werden deine Lehrer unterbewusst ablehnend auf dich reagieren, da du ihnen immer so viel Arbeit bescherst. Beschränke dich also lieber auf ein vernünftiges Maß, um diesen Effekt zu vermeiden.

3.3 Schnapp dir einen Co-Piloten

Widmen wir uns nun dem überaus wichtigen Thema des Co-Piloten. Ich hatte einen, und ich kann gleich sagen, dass ich ohne ihn wahrscheinlich nie eine Eins vorm Komma gehabt hätte. Für die meisten Menschen ist ein Co-Pilot extrem wichtig, um sich wirklich verbessern zu können. Die wenigen, die keinen brauchen, haben meist eh schon ein Abitur von 1,0 und hatten in ihrem Leben noch nie etwas Schlechteres als eine Drei.

Wenn du nicht gerade zu diesen Cracks gehörst (was du bestimmt nicht tust, denn sonst würdest du dieses Buch nicht lesen), brauchst du einen oder mehrere Co-Piloten. Also fang am besten gleich an und baue dir dein Netzwerk auf, das dich weiter bringt!

Was ist überhaupt ein Co-Pilot?

Ein Co-Pilot ist ein Mitschüler deines Jahrgangs, der deutlich bessere Noten schreibt als du und den du bei Fragen um Hilfe bitten kannst. Dein Co-Pilot muss nicht der Jahrgangsbeste sein, und er muss auch keine Eins in dem betreffenden Fach haben: Es reicht, wenn er deutlich bessere Zensuren bekommt als du.

Ich hatte das unverschämte Glück, dass mein Co-Pilot zufällig der Jahrgangsbeste und gleichzeitig ein guter Freund von mir war. Deshalb war er auch immer bereit, mir zu helfen. Auch unabhängig von der Schule sind wir noch heute sehr gut befreundet. Ein weiterer Riesenvorteil war, dass wir alle Leistungskurse zusammen hatten (in Brandenburg waren das fünf Fächer), und auch noch einige der Grundkurse. So brauchte ich nur einen Co-Piloten und nicht mehrere für die verschiedenen Fächer. Aber es geht auch ebenso gut anders: Wenn ein Freund von dir in Bio spitze ist, aber in den anderen Fächern ähnlich steht wie du, dann nimmst du ihn als Co-Piloten für Bio und suchst dir für die anderen Fächer jemand anderen.

So findest du deinen Co-Piloten

Um deinen Co-Piloten zu finden, suche in deinem Jahrgang nach Schülern, die deutlich bessere Noten haben als du, die aber keine Streber sind. Achte bei der Auswahl auch ein bisschen auf Sympathie: Ihr müsst keine dicken Freunde werden, aber wenn ihr euch überhaupt nicht mögt, wäre das auch nicht hilfreich, weil dein Co-Pilot dann gar keine Lust haben wird, dir zu helfen.

Falls es keinen sehr guten Schüler gibt, mit dem du viele Kurse gemeinsam hast, greifst du auf Plan B zurück. Plan B sieht so aus, dass du dir in jedem Fach einen der Besten heraussuchst und ihn als Co-Piloten anheuerst. So hast du mehrere Co-Piloten für die verschiedenen Fächer. Das kann sogar ein Vorteil sein, weil du nicht nur einen einzigen Typen ständig nerven musst, bis er irgendwann keinen Bock mehr hat, dir zu antworten: Du schreibst ja jeden einzelnen deiner Co-Piloten nur vergleichsweise selten an, da du ihn ja nur in einem Fach benötigst.

Wenn du einen geeigneten Mitschüler gefunden hast, solltest du ihn schrittweise an seine Aufgabe gewöhnen. Geh bitte nicht hin und frag direkt: „Willst du mein Co-Pilot sein?" Er oder sie würde dich daraufhin wahrscheinlich ziemlich irritiert angucken. Besser ist eine fließender Einarbeitung, die er gar nicht also solche empfindet: Schreibe deinen ausgewählten Co-Piloten einfach hin und wieder an und frage ihn oder sie um Hilfe. Nach und nach machst du das immer häufiger, bis eine feste Gewohnheit daraus geworden ist und es für beide Seiten selbstverständlich ist.

Vielleicht fragst du dich jetzt, warum dir eigentlich irgendein Mitschüler helfen sollte. Nun, wieso sollte er nicht? Wenn du höflich fragst und nett bist, wird er dir auch antworten. Vielleicht gibt es ihm sogar ein gutes Gefühl, zu denjenigen zu gehören, die um Rat gefragt werden. Damit das Ganze aber auf Dauer funktioniert und er nicht irgendwann genervt von dir ist, musst du im Gegenzug auch ein bisschen was für ihn tun. Schicke ihm beispielsweise einfache Hausaufgaben, die du bearbeitet hast, damit er sie nicht mehr machen muss. Oder biete ihm an, auch ihn für einen Test abzufragen, dir sein Referat vorab schon einmal anzuhören oder seine Projektarbeit vorab zu lesen – auch solche Dinge bringen für ihn einen Mehrwert. Manchmal kannst du dich auch außerhalb der Schule erkenntlich zeigen, etwa indem du ihn zu einer coolen Party deiner Freunde einlädst. Wichtig ist, dass du ein „Geben und Nehmen" erzeugst, damit es mit der Unterstützung auf Dauer klappt.

Die Vorteile eines Co-Piloten

Dein Co-Pilot ist in erster Linie dein fester Ansprechpartner, an den du dich wenden kannst, wenn du etwas nicht verstanden hast und jemanden brauchst, der es dir nochmal erklärt. Das ist enorm wichtig und hilfreich, aber noch längst nicht alles! Hier habe ich mal für dich aufgelistet, wie du deinen Co-Piloten noch nutzen kannst:

• Setz dich im Unterricht neben ihn. So kannst du dir sein Verhalten in der Schule abgucken und davon profitieren. Du solltest ihn im Unterricht allerdings nicht mit allgemeinen Verständnisfragen nerven, da diese meist viel zu aufwändig zu erklären sind und er sich ja auch mit dem Unterricht beschäftigen muss, um dir später helfen zu können. Wenn du ihn zu sehr ablenkst, wird dein Co-Pilot da schnell die Lust verlieren, für dich da zu sein. Erkundige dich also im Unterricht höchstens nach kleinen Einzelheiten und Details, die du noch nicht verstanden hast. Wenn du ihn hingegen außerhalb der Schule kontaktierst, kannst du dir ruhig umfangreichere Themen erklären lassen, die für den nächsten Test bzw. die nächste Arbeit wichtig sind.

• Nutze deinen Co-Piloten als Lernpartner für die Vorbereitung auf den AFB 1 und 2. Wenn ihr euch gegenseitig abfragt, kann er dich auf Dinge aufmerksam machen, die du dir vielleicht noch einmal angucken musst. Und auch er bekommt beim Erklären ein besseres Gefühl dafür, wo er vielleicht noch Details nacharbeiten müsste.

• Des Weiteren ist dein Co-Pilot ein idealer Partner für Meinungsdiskussionen. Mein Co-Pilot und ich haben diese immer übers Handy geführt. So kannst du neue Anregungen bekommen, deine Argumente testen und musst auch gleich auf Gegenargumente eingehen. Das ist besser als jede Pro-/Contra-Liste. Und am Ende kannst du alles im Chat nachlesen und aufschreiben.

• Auch bei Fragen zu den Hausaufgaben ist der Co-Pilot ein guter Ansprechpartner: Er kann dir Aufgabenstellungen erklären, die du nicht verstehst. Ihr könnt Ergebnisse vergleichen und gucken, wie ihr darauf gekommen seid. Und so weiter. Dein Co-Pilot kann dir auch helfen, wenn du – wie im ersten Abschnitt dieses Buches besprochen – nicht alle normalen Hausaufgaben gemacht hast und dann doch etwas davon für den nächsten Test relevant sein sollte. Frag ihn dann einfach, ob du dir seine Lösung ansehen oder abschreiben kannst. Da die Hausaufgaben ja bereits kontrolliert wurden, kommt das Abschreiben nicht ganz so blöd, da du die Hausaufgaben ja nicht für den Vergleich in der Stunde brauchst. „Richtiges Abschreiben" hingegen, also die Hausaufgaben abschreiben bevor sie kontrolliert wurden, würde ich aber lieber sein lassen oder nur im Notfall machen. Denn das gäbe deinem Co-Piloten das Gefühl, dass du ihn ausnutzt – und dann ist es mit seiner Hilfsbereitschaft schnell vorbei.

Noch wichtiger als die ganzen Hausaufgaben- und Lernhilfen ist aber, dass du herausfindest, wie dein Co-Pilot lernt und generell die Schule bestreitet. Er ist nicht ohne Grund besser als du! Was also macht er anders? Wenn er einfach nur deutlich mehr lernt, kannst du ihn zwar auch als Co-Pilot einsetzen, aber du solltest ihn dir nicht als Vorbild nehmen. Wenn er aber zu den wirklich guten Schülern gehört, dann schau genau hin, denn diese lernen in der Regel gar nicht übertrieben viel: Sie lernen einfach nur das Richtige. Von daher musst du dir bei deinem Co-Piloten genau abgucken, was er lernt und welche Themen wichtig sind. Ich kann dir zwar in diesem Buch viele grundsätzliche Tipps geben, aber was konkret in deinem Unterricht bei deinem Lehrer wichtig ist, kann dir dein Co-Pilot viel besser sagen.

3.4 Nutze Freistunden

An jeder Schule gibt es sie: Freistunden. Entweder fällt ein Block oder eine Stunde aus, weil zum Beispiel der Lehrer krank ist, oder aber man hat feste Freistunden, weil es der Stundenplan so vorschreibt. Fällt diese freie Zeit auf die erste oder auf die letzte Stunde, ist das natürlich super: Man kann länger schlafen oder früher nach Hause gehen. In diesem Kapitel geht es aber um die Freistunden, die mitten in den Schultag fallen. Also die, wo man davor und danach noch Unterricht hat.

Den meisten Schülern geht diese Art von Freistunden ziemlich gegen den Strich: Man weiß nicht, was man damit anfangen soll, gammelt nur herum und würde eigentlich am liebsten nach Hause gehen, was sich aber von der Zeit her nicht lohnt. Also läuft man sinnlos durch die Gänge, quatscht über unwichtiges Zeug und langweilt sich zu Tode. Doch eigentlich stellen Freistunden die optimale Gelegenheit für dich da, mehr Freizeit zu gewinnen! Denn mit einer Stunde Freizeit zu Hause kannst du deutlich mehr anfangen als in der Schule: Zu Hause hast du vielleicht deine Spielekonsole, kannst dich mit Freunden verabreden oder zum Sport gehen. In der Schule hingegen sind die Möglichkeiten ziemlich begrenzt: Außer YouTube Videos gucken und Musik hören bleibt da nicht viel übrig. Deshalb rate ich dir: Nutze die Freistunden! Verzichte auf diese „schlechtere" Freizeit in der Schule und freue dich im Gegenzug darüber, zu Hause mehr Zeit für die wirklich coolen Dinge des Lebens zu haben.

Dein größtes Problem dabei werden deine Mitschüler und Freunde sein. Die meisten werden chillen, quatschen oder YouTube-Videos gucken wollen – und sie werden versuchen, dich in ihre Aktivitäten mit einzubeziehen. Das klingt auch garantiert verlockend, denn natürlich ist erst einmal alles besser als Schulkram. Den aber musst du so oder so machen – jetzt oder am Nachmittag. Wann also ist der beste Zeitpunkt dafür? Ich habe mich meist für das Arbeiten in der Freistunde entschieden und dann nachmittags Spaß mit meinen Freunden gehabt. Aber es gibt natürlich auch Ausnahmen: Wenn alle anderen beispielsweise frühstücken gehen, kann das echt lustig werden, und es lohnt sich vielleicht mitzugehen. Vor allem wenn du vielleicht zu Hause eh nichts zu tun hast und deine Hausaufgaben sich gerade in Grenzen halten. Wenn du allerdings viel für die Schule tun musst und am Nachmittag gern mehr Zeit für dich hättest, solltest du die Freistunde lieber zum Arbeiten nutzen.

Wenn du dich fürs Arbeiten entscheidest, hast du vielleicht mit dem Problem zu kämpfen, dass du dich in der Schule nicht so gut konzentrieren kannst. So ging es mir auch oft: Die Freunde quatschen einen voll, es ist nie ganz ruhig, und es gibt immer irgendetwas zu beobachten. Der Kopf ist vielleicht auch noch von der letzten Stunde voll, und eigentlich hat man auch überhaupt keinen Bock. In diesem Zustand würde ich mich deshalb auch nicht den Prioritätsaufgaben widmen. Mach stattdessen die einfachen Hausaufgaben für den nächsten Tag. Alternativ kannst du auch die Aufgaben machen, die du gerade in der letzten Stunde aufbekommen hast. Das widerspricht zwar meiner Regel, dass man die einfachen Hausaufgaben immer erst einen Tag vor der nächsten Stunde machen sollte, um damit gleichzeitig die Unterrichtsvorbereitung zu erledigen, aber dafür hast du den Vorteil, dass das Wissen noch frisch ist, du weniger Zeit für die Bearbeitung brauchst und sich der Stoff gleich besser einprägt. Hier kannst du also ruhig eine kleine Ausnahme machen. Ansonsten eignen sich Freistunden gut für Aufgaben, die einen intellektuell nicht wirklich fordern, aber gemacht werden müssen: Texte lesen, Vorträge durchgehen und so weiter.

Wenn du schon einen Tag vorher weißt, dass du eine Freistunde haben wirst, ist es sinnvoll, sich schon vorab zu überlegen, was genau du dort schaffen möchtest. Setz dir dabei möglichst konkrete Ziele, plane die Zeit gut durch und fülle sie mit sinnvollen Aufgaben. So kann es dir nicht passieren, dass du eine ganz kleine Zehn-Minuten-Aufgabe bearbeitest und dir dann einredest, dass du die Freistunde sinnvoll genutzt hättest. Denk auch daran, das benötigte Material wie Hefte und Bücher mitzubringen, falls du etwas für ein Fach tun möchtest, das an diesem Tag nicht auf dem Stundenplan steht.

Optimal ist es natürlich, wenn dein Co-Pilot ebenfalls frei hat. Dann kannst du in der Freistunde richtig reinhauen: Lass dir alles erklären, was du in den vergangenen Stunden nicht verstanden hast, mache schwierige Hausaufgaben mit ihm zusammen, frag ihn aus, was er alles für den nächsten Test lernt, oder führe eine Meinungsdiskussion. Vieles lässt sich im direkten Gespräch tausendmal besser klären als über Handynachrichten. Deshalb solltest du die Zeit auf jeden Fall nutzen, wenn dein Co-Pilot mit dir zusammen frei hat.

Nachwort

Am Ende der 12. Klasse hatte ich einen Zeugnisdurchschnitt von 1,3. Mein Abi-Schnitt hingegen war „nur" eine 1,7. Denn der Abiturdurchschnitt berechnet sich ja aus den vier Semestern des elften und zwölften Schuljahrs sowie aus den Prüfungen ganz am Ende der Schulzeit. Ich hatte im ersten Semester der 11. Klasse einen Durchschnitt von 2,3. Von Semester zu Semester wurde ich dann immer besser, bis ich dann letztendlich einen 1,3er-Schnitt am Ende der 12. Klasse vorzeigen konnte.

Ich habe in dieser Zeit alles Mögliche ausprobiert und dabei natürlich auch viele Fehler gemacht. Mein Problem war nur, dass ich erst sehr spät mit dem Ausprobieren angefangen habe: Sonst wäre ich mit viel besseren Voraussetzungen in die 11. Klasse gegangen und hätte auch in den entscheidenden zwei Jahren viel mehr richtig machen können. Dann wäre ich vielleicht schon mit einem Durchschnitt von 1,3 gestartet und hätte mich immer noch verbessern können.

Nur damit du mich nicht falsch verstehst: Das soll jetzt hier keine Ausrede sein! Mein Durchschnitt ist das, was ich verdient habe, denn ich habe nun einmal die ersten zehn Jahre meiner Schulzeit gechillt und vertrödelt, und dafür war weder meine alte Klasse verantwortlich noch irgendwelche Lehrer oder die Schule an sich, sondern ich ganz alleine. Ich habe mir erst am Anfang der 11. Klasse gesagt, dass ich das beste Abitur bekommen möchte, was für mich möglich ist. Und das habe ich geschafft: Mein Abi-Durchschnitt von 1,7 war der beste, der für mich möglich war.

Aber nur weil das der beste Durchschnitt war, den ich bekommen könnte, muss das noch lange nicht der beste Durchschnitt sein den du bekommen kannst! Denn mit diesem Buch hast du alle meine Erfahrungen komprimiert zusammengefasst. Wenn du meine Tricks anwendest, kannst du zwei Jahre Herumexperimentieren überspringen und die Taktiken noch schneller verinnerlichen, perfektionieren und auf deine Schule anpassen. Da ist für dich also noch viel mehr drin als damals für mich! Und nun liegt es an dir, diese Chance zu nutzen, um dir deinen Einser-Durchschnitt zu sichern. Fang am besten gleich morgen damit an – und du wirst sehen, dass die einzige Gemeinsamkeit zwischen deinem jetzigen Zeugnis und dem nächsten dein Name sein wird.

Anhang:
Die 80/20-Regel (Pareto-Prinzip)

Das zentrale Thema dieses Buches ist ja die Frage, wie man trotz weniger Zeitaufwand mehr erreichen kann. Vielleicht bist du noch immer skeptisch, ob sich bessere Noten und mehr Freizeit wirklich unter einen Hut bringen lassen. Das widerspricht sich doch, oder?

Dass es sich nicht widerspricht, zeigt das sogenannte Pareto-Prinzip, auch bekannt als 80/20-Regel. Dieses Prinzip besagt, dass man gerade durch weniger Zeitaufwand mehr erreichen kann. Man muss nur wissen, wie man es anstellt.

Entdeckt wurde das Pareto-Prinzip Anfang des 20. Jahrhunderts von dem italienischen Wirtschaftswissenschaftler Vilfredo Pareto. Er erforschte die Vermögensverteilung in der italienischen Bevölkerung und entdeckte dabei, dass 20 Prozent der italienischen Familien 80 Prozent des Wohlstandes besaßen. Im Umkehrschluss besaßen 80 Prozent der Italiener nur 20 Prozent des Wohlstandes.

Das machte Pareto neugierig, und er wollte wissen, ob diese Verteilung auch für andere Bereiche des Lebens galt. Schnell fand er zahlreiche weitere Beispiele, und bis heute werden immer wieder neue entdeckt: Auf 20 Prozent der weltweiten Straßen findet 80 Prozent des Verkehrs statt. 20 Prozent der Autoren sorgen für 80 Prozent der Buchverkäufe. 20 Prozent der Produkte eines Unternehmens sorgen für 80 Prozent des Umsatzes. 20 Prozent der Biertrinker trinken 80 Prozent des Bieres. Und so weiter. Diese Regel lässt sich auf nahezu alle Bereiche des Lebens übertragen. Nicht immer prozentpunktgenau, manchmal beträgt das Verhältnis auch 90:10, 95:5 oder auch nur 75:25. Aber der Grundsatz bleibt überall gleich: Nur ein kleiner Teil des Aufwandes bringt den Großteil des Erfolges. Im Umkehrschluss ist der Großteil der Arbeit nur für einen ganz kleinen Teil des Erfolges verantwortlich.

Was bedeutet das nun für den Schulalltag? Nun, auch hier gilt das Pareto-Prinzip: Mit 20 Prozent der Zeit und Arbeit, die du derzeit in die Schule investierst, kannst du schon 80 Prozent deines Erfolges sichern! Du musst nur wissen, welche 20 Prozent das sind, und dich darauf konzentrieren. Prioritätsaufgaben gehören zum Beispiel definitiv dazu, ebenso wie das Lernen für Klausuren. Umgekehrt machen 80 Prozent deines bisherigen Aufwandes nur 20 Prozent deines Erfolges aus. Im Klartext: Der Großteil dessen, was du momentan für die Schule machst, hat gar keine großen Auswirkungen auf deine Noten. Und genau das ist der Bereich, in dem du getrost Zeit sparen und Dinge weglassen kannst.

Frage dich also bei jeder Aufgabe: Ist sie wirklich wichtig? Ist es eine 20-Prozent- oder eine 80-Prozent-Aufgabe? In welchem Umfang sollte ich sie bearbeiten? Gibt es nicht vielleicht Wichtigeres zu tun? Wenn du dir diese Fragen konsequent stellst und deine Pläne, die ja wie eine Prioritätenliste aufgebaut sein sollten, danach anfertigst, wirst du deine Leistungen verbessern und gleichzeitig mehr Freizeit gewinnen können.

Das Pareto-Prinzip hilft auch dabei, negativen Perfektionismus abzulegen. Das Problem am Perfektionismus ist, dass man das perfekte Ergebnis sowieso nie erreichen kann, aber meist ewig viel Zeit damit verbringt, es trotzdem zu versuchen. Hör damit auf. Bei unwichtigen Aufgaben, die aber vielleicht gerade noch wichtig genug sind um sie zu bearbeiten, musst du nicht alles bis ins kleinste Detail ausarbeiten. Wenn du deine Antworten schlecht findest, dann bringt es wenig, noch ewig daran zu feilen. Sag dir lieber, du hattest einfach einen schlechten Tag, und akzeptiere es. Denn selbst wenn du sie noch verbessern könntest: Ist es den Zeitaufwand und die Mühe wirklich wert? Wird es deine Note am Ende wirklich beeinflussen? Wenn ja, hättest du die Aufgabe doch niemals als „unwichtig" eingestuft?!

Also: Bearbeite wichtige Aufgaben wirklich gut und gib dir Mühe. Unwichtige Aufgaben aber sind genau das: unwichtig. Sie tragen kaum dazu bei, dass du eine gute Note bekommst. Und deshalb solltest du auch nicht übermäßig viel Zeit für sie opfern. Wenn du das beherzigst, hast du im Handumdrehen mehr Freizeit – ohne dass deine Note darunter leidet.

Das Pareto-Prinzip ist natürlich nicht auf die Schule begrenzt, sondern gilt für alle Teilbereiche des Lebens – Familie, Beziehungen, Freizeit, Hobby, Sport und Berufsleben. Und es funktioniert wirklich: Nachdem ich in dem Buch „Die 4-Stunden-Woche" von Timothy Ferris von dieser Regel gelesen hatte, habe ich es ausprobiert und war so begeistert von den Erfolgen, dass ich dieses Prinzip gleich auf alle Bereiche meines Lebens angewendet habe. Seitdem habe ich viel mehr Freizeit und bin in allen Teilbereichen erfolgreicher und glücklicher. Ich meine, Alter, ich schreibe gerade ein Buch, kurz nach dem Abitur! Vor zwei Jahren wollte ich noch nicht einmal ein Buch lesen, geschweige denn eins schreiben. Das Pareto-Prinzip war für mich ein riesiger Schritt auf dem Weg, ein Smarter zu werden. Und wenn du dich darauf einlässt, wird es das auch für dich sein. [9]

Quellenverzeichnis

Internetquellen:

[1] http://www.stupidedia.org/stupi/Streber

[3] https://lehrerfortbildung-bw.de/faecher/mathematik/gym/fb1/
modul9/aufgaben/komp_argu/anforder/

[4] http://www2.klett.de/sixcms/media.php/229/09_T4_Operatoren.
pdf
http://www.abitur-nachholen.org/tipps-infos/buchtipps
https://www.youtube.com/watch?v=nCQ8vpMc_g8

[5] http://sz-magazin.sueddeutsche.de/texte/anzeigen/35806/1/1

[6] https://www.youtube.com/watch?v=5zWFEMJJgTs

[7] Die Presse: Verkümmertes Bedürfnis: Wir berühren uns zu wenig.
http://diepresse.com/home/leben/gesundheit/1277589/Verkuem-
mertes-Beduerfnis_Wir-beruehren-uns-zu-wenig. 12.08.2012

[8] https://de.wikipedia.org/wiki/Priming_(Psychologie)

Printquellen:

[2] Tracy, Brian; Scheelen, Frank: Eat that frog. GABAL GmbH, Of-
fenbach, 2. Auflage, September 2002

[9] Ferriss, Timothy: Die 4-Stunden Woche. Ullstein Verlag, neuste
Auflage 2016

Der Verlag für
Nachwuchs-Schriftsteller

Nachwuchs-Autoren fördern und unterstützen – das ist das Ziel der Akademie freier Autoren e.V. und des angeschlossenen 2A-Verlags. Die Mitarbeiterinnen und Mitarbeiter – Autoren, Journalisten, Publizisten und Künstler – sind allesamt ehrenamtlich tätig.

Wer die Arbeit der Akademie freier Autoren unterstützen möchte, kann ihr als Fördermitglied beitreten. Weitere Informationen hierzu finden Sie unter www.2a-verlag.de.

Akademie freier Autoren e.V. / 2A-Verlag · Behringstraße 28 A · 22765 Hamburg
Tel.: 040 / 609 45 26 18 · Fax: 040 / 609 45 26 17 · info@2a-verlag.de · www.2a-verlag.de